4·16구술증언록 단원고 2학년 3반 제4권

그날을 말하다

예슬 아빠 박종범

이 도서의 국립중앙도서관 출판예정도서목록(CIP)은 서지정보유통지원시스템 홈페이지(http://seoji.nl.go.kr)와
국가자료공동목록시스템(http://www.nl.go.kr/kolisnet)에서 이용하실 수 있습니다.
CIP제어번호: CIP2019008159

4·16구술증언록 단원고 2학년 3반 제4권

그날을 말하다

예슬 아빠 박종범

4·16기억저장소 기획 편집
(사) 4·16세월호참사가족협의회 지원 협조

책머리에

    4·16기억저장소에서는 세월호 참사 5주기를 맞아 구술증언 수집 사업의 결과물 일부를 100권의 책으로 발간하게 되었습니다. 이 사업은 2015년 6월부터 다양한 학문 분야 구술 연구자들의 자발적인 참여로 진행되어 왔으며, 세월호 참사를 좀 더 정확하고 다각적으로 기록하고 기억하고자 하는 노력의 일환으로 수행되었습니다.

    2014년 참사 발생 이후, 참사 피해자들의 목격담과 경험은 안타깝게도 공식적인 국가기관과 언론의 기록 속에서 철저히 소외되거나 왜곡되었습니다. 그것은 세월호 참사가 우리에게 안긴 죽음과 고통의 충격만큼이나 우리 사회의 끔찍한 비극이었습니다. 따라서 사업을 진행하면서 세월호 참사 희생자 가족, 생존자, 생존자 가족, 어민, 잠수사, 활동가, 기자 등등, 참사의 초기 과정을 직접 경험한 분들의 증언을 우선적으로 수집했습니다. 구술자는 이 사업의 취

지와 방식에 개인적으로 동의한 분 중에서 선정했으며, 참여 과정에 어떠한 금전적 보상이나 이익이 제공되지 않았습니다. 또한 구술증언 수집 사업을 진행하는 동안, 면담자는 연구자이자 참사를 겪은 공동체 시민으로서 최대한 윤리적이고자 노력했습니다.

구술자마다 매회 약 2시간씩 3회를 원칙으로 음성 녹취와 영상 촬영을 하는 방식으로 진행되었고, 증언의 일관성을 확보하기 위해 면담자는 큰 틀에서 공통 질문지를 사용했습니다. 공통 질문지의 내용은 참사와 구술자 간의 관계성에 따라 차이가 있지만, 유가족 구술의 경우 1회차 '참사 이전의 삶, 팽목항과 진도에서의 경험, 자녀에 대한 기억'을, 2회차 '참사 이후 투쟁과 공동체 활동 경험'을, 3회차 '참사 이후 개인 및 가족이 경험한 삶의 변화와 깨달음, 자녀의 현재적 의미'를 중심으로 했습니다. 이처럼 증언 내용은 참사 이전에서 시작해 참사 발생 당시의 경험과 이후의 변화 과정까지 폭넓게 수집했고, 면담자는 구술 채록 과정에서 구술자의 발화를 최대한 존중하고자 했으며, 무엇보다 각자의 특수한 경험과 다른 시각을 충실히 반영하고자 했습니다.

이 구술증언록의 발간을 위해, 채록된 음성 자료는 문서로 변환해 구술자와 함께 검토했고, 현재 시점에서 공개할 수 있는 영역과 할 수 없는 영역으로 구별했습니다. 따라서 책에 실린 내용은 모두 구술자로부터 공개를 허락받은 부분입니다. 비공개 영역은 추후 구술자의 동의를 받아 적절한 절차를 거쳐 추가로 공개될 수 있으리라 생각합니다.

이 구술증언록 100권에는 그동안 우리 사회에 왜곡되어 알려지거나 잘 알려지지 않았던, 참사 발생 직후 팽목항과 진도 혹은 바다에서의 초기 상황에 관한 중요한 증언이 포함되어 있습니다. 또한, 자녀를 잃는 잔인하고 애통한 상황을 겪으면서도 그 누구보다 강인한 정치적 주체로 성장할 수밖에 없었던 유가족의 마음과 경험을 구체적으로, 그리고 여러 각도에서 살펴볼 수 있습니다. 그 외에도, 이 구술증언록은 2014년을 전후한 한국 사회의 여러 측면을 드러내는 귀중한 자료가 되리라고 생각합니다. 무엇보다 국내외의 많은 분이 이 책을 읽어, 장차 세월호 참사의 진상 규명과 역사 서술에 기여할 수 있기를 바랍니다.

구술증언 수집 사업이 진행되고, 책으로 출간되기까지 많은 분의 도움과 지지가 있었습니다. 이 지면을 빌려 부족하나마 감사의 말씀을 전하고자 합니다.

먼저 (사)4·16세월호참사가족협의회와 4·16기억저장소에 감사를 드립니다. 이분들의 신뢰와 적극적인 협조가 없었다면, 이 사업은 처음부터 시작할 수조차 없었을 것입니다. 또한 어려운 정치 환경 속에서도 사업의 취지에 공감해 재정 지원을 결정해 준 아름다운가게와 역사문제연구소에 감사드립니다. 두 단체 덕분에, 이 사업을 4년 동안 계속해 올 수 있었습니다. 그리고 구술증언록 100권의 발간에 동의하고, 바쁜 일정에도 출판 실무를 기꺼이 맡아주신 한울엠플러스(주)에도 감사를 드립니다. 이 외에도 많은 개인과 단체가 직간접적으로 많은 도움을 주시고 격려해 주셨습니다. 여기에 모두 밝히지 못하는 것을 죄송하게 생각합니다.

　말할 필요도 없이, 가장 크고 또 가슴 아픈 감사는 구술자 한 분한 분께 드리고자 합니다. 이 책이 발간될 수 있었던 것은, 무엇보다 용기를 내어 아픔과 고통의 기억을 다시 떠올리고 장시간 진심으로 이야기를 해주신 구술자가 있었기 때문입니다. 오랜 시간 이야기를 나누며 함께 공감하기도 했지만, 그 아픔과 고통을 어떻게 가늠할 수 있을까 싶습니다. 더 큰 도움이 되지 못함을 안타까워하며, 이 구술증언록 100권의 발간이 피해자분들에게 조금이라도 위로가 될 수 있기를 기원합니다.

2019년 4월

4·16기억저장소 구술팀 책임자
서울대학교 인류학과 교수 이현정

차례

예슬 아빠 박종범

구술자 박종범은 단원고 2학년 3반 고 박예슬의 아빠다. 맏딸 예슬이는 아빠에게는 사랑한다는 말로는 부족한, 너무나 소중한 보물 같은 존재였다. 그림 그리기와 디자인에 남다른 재능을 갖고 있던 딸을 위해 아빠는 서촌갤러리에서 전시회를 열었다. 코맹맹이 소리로 "아빠" 하고 부르며 금방이라도 뛰어와 가슴에 안길 듯, 예슬이는 지금도 늘 아빠 곁에 있다.

박종범의 구술 면담은 2015년 11월 10일, 13일, 2회에 걸쳐 총 3시간 20분 동안 진행되었다. 면담자는 김향수, 촬영자는 박여리·김향수이었다.

구술자 본인의 프라이버시나 제3자의 프라이버시를 보호해야 할 부분을 제외하고는 구술자의 발화를 있는 그대로 전사했다.

1회차

2015년 11월 10일

1
시작 인사말

면담자   본 구술증언은 4·16 사건에 대한 참여자들의 경험과 기억을 기록으로 남김으로써 이후 진상 규명 및 역사 기술에 기여하고자 합니다. 지금부터 예슬 아빠 박종범 씨의 증언을 시작하겠습니다. 오늘은 2015년 11월 10일이며, 장소는 안산시 4·16기억저장소 전시관입니다. 면담자는 김향수이고, 촬영자는 박여리입니다.

2
구술 참여 동기

면담자   이번 구술증언에 참여하게 된 동기부터 말씀 나누겠습니다. 구술 들어가기 전에 늦었다는 말씀을 하셨는데, 어떤 의미일까요?

예슬 아빠   아, [구술이] 늦은 감이 있죠, 무덤덤해진 시기가 왔는데…. 그래도 남겨야 하니까 해야죠. 당시에는 [이야기] 못 했던 내용이 있어요. 우리가 몸을 사렸다기보다는… 그때까지만 해도 국회에 대한… 국가가 이렇게 해줄 거라는 믿음이 있었거든요. 그런데 1년 6개월이 지난 지금도 원점인 걸 보면, 이제는 뭐 그럴 필요가 없다는 생각이 들더라고요, 그래서….

면담자   이 구술증언이 어떻게 활용되었으면 하고 바라는 부분이 있으세요?

예슬 아빠   어… 누구나들 말하더라고요, 우리가 산증인이라고요. 주변 제 지인들도 내가 거짓말을 하고 있다고 생각하는 사람들이 있어요. 그러면 나는 답답하잖아요. "야! 내가 산증인인데 니가 내말을 안 믿으면 어떡하냐". 언론에 빠져 있는 거죠, 한쪽 언론만 믿고 싶은 거고. 근데 우리는 현장에서 직접 눈으로 봤기 때문에 정부에 대한 배신감이 드는 거죠. 제가 증언할 때마다 하는 얘기가 있는데… "나 48년 동안 속고 산 게 대한민국이야". 억울한 거죠. 아, 또 올라온다. 너무 억울해요, 속고 산 거 같아서.

    옛날에 학생운동 안 했습니다. 저는 그런 거 안 했어요. 그냥 생활하고 열심히 살면 되는 줄 알았죠. 그게 곧 내가 국가에… 우리가 어릴 때 충성 충성, 하잖아요. 그런데 국가에 충성할 필요가 없더라고요, 배신감이 들어서. 저 있잖아요, 이 나라 뜨고 싶은 생각이 있어요. 그런데 '48년 살았던 이 나라에서 배신당하고 내가 다른 나라로 떠났다고 한들 어떤 나라에서 나를 받아주겠느냐', '내가 거기서 여기처럼 살 수 있겠느냐' 하는 그런 생각도 들더라고요. 내가 앞으로 어떻게 살아가야 할지 방향을 못 잡았어요. 계속 방황하고 있는 거 같아요, 10대 애들처럼…. 하, 웃기죠.

면담자　　　　언제부터 그런 생각이 드셨나요?

예슬 아빠　　4·16 참사를 겪으면서 그런 일이 생긴 거죠. 그런 마음이 생겼죠. 저도 보수적이었어요. 보수적이었는데, 참 바뀌기 힘들더라고. 그런데 이제는 뭐….

3
안산 정착, 결혼, 첫아이 예슬이

면담자　　　　안산에는 언제 처음 오셨나요?

예슬 아빠　　아주 일찍 왔어요. 제가 안산에서 직장생활 시작한 건 1993년도. 지방 갔다가 1995년에 와서 쭉 있었죠. 딸내미도 여기서 낳았으니까, 예슬이도.

면담자　　　　원래는 고향이 어디세요?

예슬 아빠　　충북 단양, 거긴 산악지대예요. 돌아서면 산밖에 없어요. 옛날 6.25 때 피난처였어요. 꽉꽉 막힌 데 살았지.

면담자　　　　그럼 졸업하고 올라오셨어요?

예슬 아빠　　네. 고등학교 졸업하고 군대 갔다 와서 올라왔죠. 그전에도 안산에 왔었어요, 1986년도에도. 그때는 놀러온 거죠.

면담자　　　안산에 오신 특별한 계기가 있으셨어요?

예슬 아빠　　공단이 있잖아요. 공단이 있으니까 일자리가 많잖아요, 서울보다. 이상하게 서울은 별로 없더라고요. 그리고 지인들이 있었어요, 누님도 있었고. 그러다 보니 정착하기가 더 쉬웠던 거죠.

면담자　　　그럼 예슬 어머님은 여기서 일하면서 만나신 건가요?

예슬 아빠　　예. 우리 와이프와는 여기서 직장 다니면서 만났죠.

면담자　　　같은 직장에서?

예슬 아빠　　아니에요. 제가 우체국에[서] 배달을 했어요. 배달 일을 하다가 만난 거죠. 제가 공단 쪽을 담당했거든요. 그 당시 제가 오토바이를 타다가 나중에 차량을 했는데, 오토바이 탈 때 만났어요, 겨울에. 헬멧 쓰고, 선글라스 쓰고, 마스크 쓴 상태에서…. 오오, 내가 반한 거예요, 딱 보고.

면담자　　　고운 외모시더라고요.

예슬 아빠　　예. 정적이 흘렀어요. 멍했어요. 나는 눈이 높았거든요. 눈이 높았는데 우리 애들 엄마한테 반했어요. 정지 상태가 오더라고요. 제가 저 여자는 꼭 꼬셔야 되겠다, 그래서 꼬셨어요. 무지 따라 다녔어요, 한 6개월 이상 쫓아다녔어요. 꼼짝을 못 하게, 도망을 못 가게끔 만들어놨죠(웃음). 그래서 결혼도 하기 전에 우리 예슬이 먼저 낳은 거예요. 〈비공개〉 그래서 우리 예슬이 100일 때 상견례했어요. 그것도 참… 웃겨요. 8월 22일에, 여름에 태어났으니 겨울쯤이 100일이었어요. 의왕 부곡이에요, 우리 처갓집. 100일에 초대를 해야 할 거 아니에요. 그 전엔 몰랐단 말이에요, 잠수를 타고 있었으니까. 마누라가 연락을 안 하고 있었으니까. 아이를 끌어안고 전철을 타고 갔죠. 지금도 기억이 생생한 게, 눈이 왔어요. 첫눈이 왔어요. 전철역 앞에서 전화하니 우리 장모님이 들어오지 말라는 거예요, 오지 말래. 오우, 그래서 큰일 나겠더라고요. 인사드리고 어떻게 초대는 해야겠는데, 어떻게 해, 포기할 수 없잖아. 그래서 진짜 연극을 했습니다. 그때 '연극을 해야 된다, 내 본심은 그냥 가고 싶어도 그건 아니다', 그래서 전화상으로 "어머니 눈도 오고 아이도 무지 추워한다"고 했죠. 가만히 있더니 오라 하시더라고요. 가가지고 또 쇼를, 그 당시에도 쇼를 했어. 연극을 해야 한다, 배우도 아니면서. 그래 가지고 구걸을 했죠, 들어가자마자 넙죽 큰절을 하고. 그래 가지고 오서가지고 [예슬이] 100일 때 상견례를 하고, 그러고 날짜를 잡은 거죠. 우리 아이 걸어 다닐 때 결혼식을 했어요.

면담자　　예슬이 돌 즈음이었겠네요.

예슬 아빠　　네, 돌 지나서 했어요.

면담자　　그 뒤에도 계속 우체국에서 일하셨나요?

예슬 아빠   8년 정도 근무했어요. 그리고 내 사업한다고 우체국을 뛰쳐나왔었고. 애들 엄마가 그 당시에는 피부 관리를 했거든요. 아이를 갖고 피부 관리를 시작했나, 그 전에 했나? 하여튼 만삭에도 했고, 예슬이 출산 일주일 전까지 다녔어요. 예슬이가 일주일 먼저, 예상보다 빨리 나온 게, 양수가 터졌어요. 아침에 일어났는데 침대가 다 젖은 거야. 그래 가지고 병원에 간 거야. 저 자식, 우리 예슬이 처음 태어났을 때는요, 진짜 볼 거 없었어요. 애가 그 제왕절개를 했거든요. 촉진제를 맞아도 애가 안 나오는 거예요. 열 몇 시간인가, 그 시간 안에 못 놓으면[낳으면] 위험하다 그러는 거야, 의사가. 그럼 빨리 이야기해서 제왕절개해야지 그렇게 고생을 시키냐고, [의사] 머리가 희끗희끗…. [면담자 님은] 결혼하셨어요?

면담자   예. 저도 애가 둘이에요.

예슬 아빠   그럼 아시겠다. 양수가 묻어 있잖아요. 그래서 애가 시커멨어요. 아유, 정말 내 자식이지만 아니다 싶더라고, 처음엔 그랬어요. 근데 하루 목욕을 시켜놓고 나니까 이쁘더라고, 나한테는 새끼니까. 애가 크면서, 우리 예슬이가 그래도 어릴 때 겁나게 잘 먹였어요, 애 엄마가. 이유식 같은 것도 남다르게 먹였었어. 애가 어릴 땐 통통했어요. 우리 예슬이한테 동생 ○○이가 있는데. 정말 ○○이 어릴 땐 기억이 별로 없어요. 큰애한테 너무 많이 묻혀 있어서, 오히려 ○○이한테 미안하지.

면담자　　　나이 터울이 얼마예요?

예슬 아빠　　3살 터울이에요.

4
4·16 참사 당일

면담자　　　기억나실지 모르겠는데, 4·16 전에는 하루 일과가 어떠셨나요?

예슬 아빠　　기억나죠, 잊어먹을 수가 없죠. 내가 작년에는 시내버스를 했어요. 시내버스를 해서 새벽에 출근을 해요. 새벽에 출근했다가 집에 들어오면 12시가 넘어요(한숨). 그날도 내가 거의 1시쯤에 집에 들어왔을 걸요, 아마. 근데 이 녀석들이 들뜨잖아요. 15일 날, 아니 그러니까 14일 저녁이죠. 15일에 학교 가서, 학교에서 바로 갔으니까. 지금도 기억나요. 지금도 생각나는 게, 지 핸드폰에서 자기가 타고 갈 배를 보여주더라고. "아빠, 나 이런 배 타고 간다"고. 너무 좋더라고, 크고. 예슬이가 물어봤어요. "아빠 사고 나면 어떡하지?" 그 당시에 내 생각은 "이런 배가 왜 사고가 나냐, 이 큰 배가". 그리고 "사고가 난들 다 구조된다, 침착하게만 있으면 다 구조될 거다, 매뉴얼만 따르면 될 것"이라고 얘기했어요. 지금 가슴을 친다니까, 지금. 내가 왜 그랬을까. 근데 그때 해줄 수 있는 대답이 그것밖에 없었어. 당연히 이렇게 엉망인지 몰랐지. 매뉴얼도 없이…(한숨). 나 진짜 어이가 없어요. 그래서 그걸 막 보면서 얘기를 1시간 정도 했죠. 그리고 간다고. 나는 새벽에 나가야 하니까 2, 3시간 자고 출근을 하고.

나는 세월호가 그렇게 된 거를 애들 엄마 전화받고 알았어요. 9시 몇 분쯤에 전화가 왔더라구요. 뉴스 봤냐 그러더라고요. 운전하는데 무슨 뉴스를 봐. 그냥 아침 시간 출근 타임엔 라디오도 못 들어요. 차가 밀리고 운전에 집중하는데. 첫 번째 타임 돌고 두 번째 타임 돌기 전에 전화를 하는데… "왜?" 그러니까 뭐 애들 수학여행 배가 침몰돼 간다는 얘기가 나왔다는 거야. "엥? 뭔 소리야" 하며 집사람은 학교로, 단원고로 가고. 나는 확인을 해봐야 하는데 확인할 길이 없잖아. 그래서 작은 누나가 안산에 계시는데, 작은 누나나 네가 아는 사람들에게 전화를 했어요, "지금 TV를 틀어서 속보가 뜬 거 있나 봐봐라". 그 당시 못 찾았지만 조금 있다 다시 전화가 오는 거야. "뭐 단원고가, 세월호가 침몰이 된대", "뭔 소리여?"

아, 그때부터는 운전도 집중이 안 되구요. 그래서 애 엄마랑 통화하는 거죠. 학교 가보니 상황을 보니까 내가 전화를 하고 그랬지만, 조금 있다가 한참 지나고 보니까 다 구조가 됐대. '에잉? 어떻게 이렇게 빨리 구조가 됐지?' 하고 회사 들어가 TV를 보니까 헬기

두 대가 보이고 배가 123정인가, 지금 생각하면 123정이죠. 이렇게 배가 보이더라구요. 내 눈에 봤을 때는 도저히 저 인력 가지고는 저렇게 많은 인원이 구출될 수 없겠라고요. 그 시간대에 저 짧은 시간대에, 될 수가 없더라구요. 애들이 바다에 뛰어드는 것도 아니고, 될 수가 없겠더라고요. 헬기에 한 번에 몇 명씩이나 올라가. '큰 바구니, 큰 걸 내려서 애들 다 담는다면 몰라도. 될 수가 없는데 어떻게 됐지? 이상하다, 이상한데'. 그러고 있는데 시간이 11시가 넘었죠. 애 엄마가 자기는 진도를 내려가겠다는 거예요. 차를 끌고 내려간다는데 "차를 끌고 내려가지 말고 학교에서 단체로 같이 가라, 차를 끌고 가면 안 될 것 같다", 난 느낌이 안 좋더라구. 그랬더니 알았대. 그러고 나서 버스 타고 내려갔어요. 내려가 가지고, 애들 엄마가 내려가서 어선을 빌려서, [현장으로 간] 10명 중에 한 사람이 우리 애 엄마가 들어간 거예요, 같이. 현장으로 못 들어가게 한 걸 어선을 빌려서 들어간 거예요. 거기에 들어갔다 나오더만, 아 그 전엔가? "예슬 아빠 내려와야 될 거 같다"고 얘기를 하더라구요.

나는 이미 12시쯤 조퇴를 하고 집엘 오는 길이었죠. 둘째 딸래미를 오라고 해서 같이 가자고 해서 3시, 4시쯤 단원고로 갔죠. 상황 좀 볼려고. 학교도 개판이더라고. 그래서 내가 차를 끌고 갈 수도 없고. 가는 길을, 방법을 찾아야 해서 행정실을 갔죠. "차량, 차편이 있느냐", 그런데 없다는 거야. "무슨 소리냐, 아직 안 내려간

사람도 많은데 차편을 빨리 구해라", 그래서 6시쯤에 걔들이 버스
세 댄가, 내려가는 버스를 [대절]했어요. 그걸 타고 내려가니까, 진
도 도착하니까 12시, 1시쯤 됐더라고.

5
사고 현장에서 만난 '이상한' 언론들

예슬 아빠   조금 있다가 해경에서 제공하는 현장에 들어가는 첫
배를 탔죠. 20가군가 들어갔죠. 그 배를 타고 들어가서 현장을 따
악 보니… 애들이 이상하게, 저기 뭐야, 세월호 근처를 접근을 안
해요. 멀리서만 빙빙 돌아. 보이지 않잖아요, 밤에, 물론 그날 애들
이 조명탄 쐈어요. 우리 갈 때 한 개씩 터졌어. 다발을 쏜 게 아니
고 한동안은 멈췄어. 조명탄이 떨어져서 공군 애들이 쏴줘야 된대,
헬기를, 비행기를 띄워서. 그래 가지고 접근을 안 해가지고, 우리
부모들이 "더 접근을 해라, 우리가 보이게. 너네가 잠수를 하고 있
는지 아닌지 우리가 알 수 있게 해라". 그런데 안 가요, 안 하더라
고. 계속 멀리서만 돌더라구. 그래서 답답해서 "UDT[해군 특수전전
단]나 SS잠수팀[SSU, 해군 해난구조대] 오라고 해라". 그래서 내가 그
촬영을 한 게 있어요. 그 현장을 핸드폰을 가지고 찍었어요, 다 찍
어놨어요.

면담자　　　그 순간 찍어야겠다고 생각하신 이유가 뭐였어요?

예슬 아빠　　　뭔가, 우리가 멀리서 봐도 잠수하는 게 안 보여요. TV에서 떠들어대는, 나도 내려갈 때 어떤 내용을 들었냐면, 계속 뉴스를 듣잖아요, 인터넷도 뒤져보고. 뭐 500명, 600명이 작전을 벌여서 구출한다고, 우리 아이가 당연히 살아 나올 줄 알았지. 살아서 어딘가에서 있을 줄 알았지, 구조가 될 거라고 생각했지. 그런 기대감을 가지고 간 거예요. 근데 가보니까 그게 아니야, 없어. 내가 그 당시에 딱 현장에 가서 봤을 때는요, SSI[SSU] 애들, UDT 애들, 걔네들 그 조그마한 배 있죠, 대여섯 명 타는 배, 네다섯 명 타는 배, 고 배들만 계속 그 주위를 돌아요. 그게 뭔지 아세요? 지금 생각해 보면 그렇지만, 그 당시에 혹시라도 모를 그걸 주울려고 그런 거야. 시체가 혹시 떠오르는지 몰라서 그냥 정찰만 한 거라고. 구조를 하는 게 아니고, 그랬어요. 바다요? 무지 잔잔했어요. 너울성 파도도 없었어요, 그때.

면담자　　　너울성 파도가 어떤 건가요?

예슬 아빠　　　그러니까 바람이 불어서 치는 파도가 있고, 출렁출렁치는 파도가 있잖아요. 너울성 파도는 되게 높다니까요. 너울성 파도도 없었다니까요, 잔잔했어. 그런데 안 한 거야, 개새끼들. 그래서 그걸 찍었어. TV에는 이런 내용들이 안 나가잖아요, 기자들이 못 들어가잖아요. 해경이 기자들 못 들어가게 하니까.

그래서 내가 딱 찍어가지고, 그걸 가지고 배를 타고 나오면서 이걸 어느 방송사에 제보할까 하다가, 배에 YTN 전화번호가 있더라구요. 그 전화번호로 전화를 했어요. "내가 지금 이러이러한 자료를 가지고 있는데 줄 테니 방송에 내보내 달라". YTN 본사에다가 그랬더니 "네, 알았습니다" 해요. 우리가 그 배를 타고 나가면, 세월호 현장에서부터 팽목항으로 나가면 1시간에서 2시간 정도 걸려요, 되게 멀어요. 빨리 가면, 쾌속정 타면 1시간에도 가고 그러는데. 나오면서 연락이 안 오더라구. 또 전화했죠. 그러면 여기에 있는 기자들 번호를 나한테 줘라, 내가 전화를 하겠다, 그런데 안 오더라고요. 뭔가 이상한 거야. 왜? YTN이 뉴스 채널이잖아요. 그런데 왜 이걸 안 받으려고 하지? 배를 타고 팽목항으로 오니까 거의 아침이 돼요, 날이 새더라고. 그런데 YTN이 요 앞에 있어. 내가 이 자료를 걔들한테 못 주겠더라고, 주기가 싫더라고. 내가 제보를 했을 때 얘네들이 덥석 물어야 되는데, 물지를 않잖아요.

면담자   특종이잖아요.

예슬 아빠   그러니까요, 뭔가 이상하잖아요. 얘들한테 주기가 싫은 거야. 안 줘버렸어요. 그날부터 YTN하고는 끊었어요, 너희들 아니다. 거기서부터 진도에 있을 때는 방송사 애들하고는 한마디도 안 했어요, 피해 다녔어요. 노인네들도 우리 얼굴 나올까 봐 피해 다녔어요. 그리고 내가 또 배를 탄 게 뭐냐면 7시, 한 8시 정도에 제종길 지금 안산시장님하고, 그 당시는 시장되기 전이죠. 국회의원 또 누가 하나 있어. 그리고 경북에서 내려온 민간 잠수부가 다섯 분 있었어요. 그분이 쾌속정 타고 들어간다고 하더라고.

면담자 　　사고 다음 날에요?

예슬 아빠 　　17일 날 아침이죠, 아침에 7시쯤에. 근데 고 배를 확 올라타 버린 거야. 우리 가족은 2명인가 3명인가밖에 못 탔어요. 못 타게 하더라고. 걔네들이 거길 어떻게 갔냐면 그 당시 세월호에 잠수팀 있잖아요, 언딘 애들. 언딘 애들 브리핑을 받으러 가는 거야. 그리고 민간 잠수사 애들 데리고 가서 투입시키려고 갔던 거야, 사실은. 그때도 언딘에서 브리핑을 하는 거야. 정치계 애들이랑 왔으니까, 민간 잠수부 애들 데리고 왔으니까 할 수밖에 없었겠죠. 한 놈은 새누리당 애였던 거 같애, 지금 생각해 보면. 근데 거기서도 잠수를 하고 있다고 하더라고, 잠수하는 건 안 보이는데. 그때 세월호 바로 옆에까지 갔었거든요. 그런데 그때는 바다가 겁나더라고, 너울이 세더라고. 물때가 그 시간대가 센 시간 때인가 봐. 그래서 고것도 촬영한 게 있죠. 근데 그거는 어느 매스컴에도 한 개도 안 줬어요.

면담자 　　그 이유가?

예슬 아빠 　　못 믿겠더라고. 애들 이거 안 내보내는데 주면 뭐해,

안 내보낼 게 뻔한데.

6
진도체육관에서의 경험

예슬 아빠   그래서 17일 날 갔다 오니까, 9신가 됐을까요. 그날 보슬비가 내렸어요. 안개가 자욱하게 꼈고, 보슬비가 내렸어. 춥더라고, 적십잔가 어딘가 모포를 주더라고. 부모들 다들 해안가 막있고. 2차, 3차로 배 [타고] 또 나간 부모들도 있고. 추워서 마누라랑 그거 한 개 덮어쓰고. 나는 냉정했어요, 그때. 침착했어요. 내가 흥분하면 안 되겠더라고, 다 큰일 나겠더라고. 상황을 마누라랑 싹 돌아봤어요. 여기저기를 싹 돌아보니까 (한숨) 유가족이 누군지, 뭐 민간인들이 누군지, 경찰들이 누군지 모르겠고, 그때는. 워낙 사람들이 많았으니까. 그 뭐야, 지금 대합실이죠, 그 팽목항 대합실이죠. 그 당시에는 어디 행정관, 해수부에서 내려온 애들이 있었나봐. 거기도 한번 가서 기웃거려보기도 하고. 못 들어오게 해요. 유가족은 들어가게 해요. 아니 그땐 유가족이 아니지, 실종자 가족이라고. 실종자 가족이라고 하면 못 들어오게 제지는 안 하더라고. 그리고 보고. 나는 인제 판단 내린 게 뭐냐면, 밥은 못 먹죠, 넘어가질 않으니까. 이거 뭐… 답답한 게 뭐냐면, 그 당시엔 그때만 해도 배가, 세월호가 꽁무니가 공중에 나와 있었잖아요. 근데 그걸 어떻게 더 가라앉지 않게 하는 게 한 개도 없어. 그래서 난 일단은 이거 빨리 안 끝날 거, 이거 분명히 우리 아이는 안 올라왔고, 다른 섬에라도 가 있을 줄 알고 여기저기 찾아보는 것도 못 하겠고. 마누라한테 "야, 일단 우리가 너무 추우니까 추위를 피하고선 자리를 잡아야겠다", 팽목항에 그 당시에 텐트가 있었는데 있기가 좀 뭐했어요. 그래서 팽목항 쪽으로, 아니 체육관 쪽으로 많이 갔다더라구. 체육관 쪽으로 가자, 체육관으로 간 거죠. 이미 체육관에 사람들 많이 차 있더라고.

그리고 계속 나는 팽목항을 왔다 갔다 하는 거죠, 왔다 갔다 하면서 보고…. 근데 솔직하게 말씀드리면 딱 내가 두 번을, 두 번을 현장을 갔다오고, 쟤들 지금 하는 걸 보니까… 맥이 쭉 빠지더라구요. 근데 할 수 있는 게 없어, 진짜. 아… 심정 같아서는 뛰어들고 싶어요. 난 내려갈 때 어떤 생각을 했냐면, '만약이 니들이 안 구하러 가면 내가 들어가서라도 구할 거'고 이렇게 마음을 먹었어요. 근데 막상 바다를 보니 뛰어들지도 못하겠더라고. 아침에 두 번째 가서 보니까 물살이 너무 세서 손도 담그지 못하겠더라구요, 무서워서. 그러지도 못하겠고. 그럼 어느 놈한테 그 어떻게 해야 할지, 그런 것도 못 찾겠고. 답답하더라고, 그냥 답답해. 그래서 3일째 되는 날 그랬죠, 애들 엄마한테. "우리 마음 비워야 될 거 같다", 내가 이야기했죠. "예슬이 살아 돌아올 수 없다. 더 이상 살아 돌아올 수 없을 거 같다"고…. 어떻게 살아 돌아와요, 거기서. 애들을 구하려고 하질 않는데.

수색을 정말 16일부터 제대로만 했더라도 희망은 있었겠죠. 근데 전혀 하질 않는데. 잠수부 애들요?(짧은 웃음) 민간 잠수부 애들 그 당시 얘길 들어보면, 난 실제로 특별히 민간 잠수부와 이야기한 건 없어요, 들은 얘긴데. 그리고 해병대 그쪽 나온 지인들 있잖아요. 그래서 전화를 해서 "형님 쟤들 왜 잠수를 안 한대요? 저기가 어떤 곳이에요?" 난 바다에 대해 전혀 모르니까, 상식이 없으니까. "글쎄 내가 뭐라고 해줄 말이 없다"고 이야기하더라구요. 지인들도 피하더라고. "사실대로 이야기해 달라", "아니면 형님도 내려와 잠수를 하든지" 아니면 "해봐라, 얘기해 보라" 하니 "군인들은 오더가 떨어져야 잠수를 하는 거고, 저긴 웬만한 장비 없으면 들어가면 안 된다, 못 들어간다니까". 그렇게 잠수를 오래 한 사람들도 두려워하는 곳이라고 하더라고. '아, 그래서 안 하는 건가?' 솔직히 그 당시에 그렇게 생각했어요. '그래서 안 오는 건가?' 그런 거 아니잖아요, 안 한 거잖아요. 개새끼들이(울음). 배가 가라앉기 전에 그것만 잡아놨어도 왜 방법이 없었겠느냐고요. 그것만 잡아놨어도 들어가기 쉽잖아요. 근데 그것도 안 잡아놓고 시간 다 허비해 놓고. 아… 너무 어이가 없어요. 그 당시에 진도에서는, 해경이나 우리 정부는 자기들 스스로 한 개도 무언가를 한 게 없어요. 우리 가족들이, 심지어 우리 가족들도 그랬어요, "저걸[세월호 선체를] 잡아라". 아무 소용이 없다란 말도 하고요. "그럼 저기에 구멍을 뚫어서 하면 되지 않느냐, 아니면 저기로 들어가면 되지 않느냐". 거기로 들어가면 들어가는 게 더 힘들다고 그러더라고요. 그건 내가 확실하게 들었어요.

면담자   누가….

예슬 아빠   어떤 놈인지는 모르죠. 그때 당시 이야기했던 놈들이 마이크 잡았던 놈들이 해경 애들, 아니면 해수부 애들이겠죠.

면담자   체육관에서 그렇게….

예슬 아빠   아니 아니, 팽목항에서 그랬죠. 진도체육관에서는 박근혜가 내려온… 17일에 내려왔죠? 그 사람이 내려온 다음부터는 브리핑을 해줬어요, 아침마다. 우리가 해달라고 그랬거든. 박근혜가 내려온 다음부터 큰 TV, 대형 TV가 설치됐고, 실시간으로 바다 상황을 보여준다고 해요. 근데 그것도 맨날 같은 그림만 보여줘. 카메라를 어떻게 잡았는지는 몰라도 멀리서만 잡혀요. 맨날 바다만 보는 거야, 바다만. 다 숨긴 거예요, 다 숨긴 거야. 그 개새끼들이, 해경 애들도. 그랬는데 이게 123정장 따위 하나의 처벌만으로 되겠냐고. 말이 안 되는 거지. 지금 나온 내용들 보면, 나는 우리나라에 진짜 솔직한 말로요, 이종인 씨가 만든 다이빙벨 그런 게 없는지 알았어요, 있는지 몰랐어요. 그것보다 더 좋은 것도 있다면서요, 근데 왜 안 쓰냐고.

면담자   당시 체육관이나 팽목 상황 조금 더 말씀해 주세요.

예슬 아빠   체육관에서 있었던 일이요? 체육관에 우리가 갈 때까지만 해도 자리가 있었죠. 거의 입구 쪽에 있었는데, 앞쪽은 이미 다 차 있었고. 그날 저녁때가 되니까, 17일 날이죠, 저녁때가 되니까 바닥에는 자리가 없더라고. 그다음부터 온 사람들은 계단 스탠드로 올라갔어(한숨). 체육관에 온 부모님들은… 아마 다들 금방 올라갈 수 없다고 판단하고, 생각하고 온 거겠죠. 근데 글쎄 거긴 아무 생각이 없어요, 솔직한 이야기로. 팽목항에 나가야 소식을 들을 수 있는데, 근데 그렇다고 해서 팽목항에 나간들 특별한 소식 없어요. 계속 우리가, 부모도 요구할 수밖에 없는 거야. 그런데 체육관에 있는 부모님보다 팽목항에 있는 부모가 더 많이 해수부 쪽에 접촉을 했겠죠, 요구를 많이 했겠죠. 우리 체육관 쪽에는 아침마다 뭐 해경 애들이 브리핑을 할 때, 그럴 때만 이야기한 거고. 그리고 체육관에서는… 교감이 언제 죽었죠? 17일 날인가, 18일 날인가? 그 당시에 내가 진도 팽목항에 갔다 오는데 그 소식을 들은 거 같더라구. 그 사람 왜 죽었대? 그 사람이 왜 죽냐고, 죽으면 안 되는데. 그리고 뭐 교감이 자살을 했다고, 그리고 빨리 또 발견됐잖아요. 어떤 한편으로는 어차피 가신 분한테 이런 말 하면 안 되지만 잘 갔다 그러는 사람도 있었고, 어떤 한편으로는 증인인데 왜 죽었지, 안타까워하는 사람들도 있고 그랬었어요. 체육관? 개판이었죠, 정말…. 내가 뭔 얘기를 해야 되지?

면담자   오늘은 사건 당일부터 진도에서나 팽목에서 목격하신 이야기들….

예슬 아빠   근데, 근데 체육관에서 그리고 확실한 건 이런 거죠. 체육관에서 느낀 거죠, '언론이 제대로 보도를 안 하고 있구나' 느낀 거죠. 누구나 기억하는 건 그거죠. "기자 애들 다 나가라", "너네 그 따위로 할 거면 나가라", "그 따위로 할 거면 카메라들 다 나가라", 체육관에서 기자 애들 카메라고 다 몰아낸 적도 있죠. 그런데 걔들이 스탠드 위쪽에다 자리를 잡잖아요. "생중계해 줄 수 있는 사람이 누구냐, [생중계 할 수 있는 사람만] 남아 있으라" 그랬던 거 같아요. 그때 그게 누구였는지 모르겠는데, 고발뉴스인가 그랬을 거예요. 이상호 기자는 팽목항에 있는 거는 난 몰랐고, 체육관에 하여튼 있었어요. 한 방송사가, 인터넷 방송사인가 정확하게는 모르겠는데, 그 방송에서는 생중계를 했었어요. 대통령 왔을 땐가, 박근혜 왔을 땐가, 정확하게 기억이 안 나네. 근데 아, 박근혜 얘기하고 "거짓말이다!" 우리 부모들이 "거짓말이다!" 하고 막 소동이 일어났거든요. 그러면서 딱 끊겨버렸어, 끊긴 거야.

면담자   생중계가….

예슬 아빠   어, 소동이 왜 일어났는지 알려줘야 되는데, 그것도 안 나간 거야, 그것도. 소동이 일어나고 막 그러면 국민들이 봤을 땐 악영향이어서 그래서인지 몰라도 끊어버린 거야. 그때부터 걔네들 방송기자들 다 쫓겨났어. 그리고 못 들어왔을 거야, 체육관에. 그날 아마 방송국 카메라가 몇 대 망가졌을 거예요. 안 나가니까 다 때려 부순거야, 나가라고. 근데 정말 신기한 건 웬만하면 그런 건 뉴스에 뜨고 물어야 되잖아요. 그런데 변상 소송도 하나도 안 붙어, 변상하라 하지도 않고. 지들도 잘못을 아는가 봐, 그죠? 방송사 새끼들도. 그때부터는 방송 애들이랑은 별로 안 친했어요.

면담자   당시 박근혜 대통령에게 거짓말이라고 한 것은 어떤 부분이었어요?

예슬 아빠   박근혜한테 거짓말이라고 했던 게 아니라, 박근혜가 얘기를 하고 난 다음에 해수부장관인가, 해경청장인가가 얘기했던 게 있었거든. 잠수부가 몇 명이 투입됐고, 이렇게 한다. 그때 우리 부모들이 야유를 보냈거든. "웃긴 소리하지 말아라", "우리가 다 보고 있었다", "뭔 소리 하는 거야", 그런 경우가 있었어요. 그때부터 웅성웅성 했죠, 막 야유하고. 박근혜 뒷문으로 나갔어요. 그때부터 완전히 카메라고 뭐고 다 빠졌죠.

예슬 아빠 박종범

면담자　　　초기에는 의견을 내고 모으는 게 어려웠을 거 같은데.

예슬 아빠　　의견이라면 무슨 의견?

면담자　　　예를 들어 민간 잠수사 투입 요구나 이런저런 제안, 또 어떻게 하자고 의견을 하나로 모을 일이 많았을 거 같아서요.

예슬 아빠　　아, 그렇죠. 그때는 솔직한 얘기가, 체육관에서 우리가, 3일째부터 우리가 학생 이름표를 달기 시작한 거예요. 너무 아닌 사람들이 실종자 [가족] 행세를 하고 그러니까, 모양새가 그러니까 이래서는 안 되겠다고 생각해서, 누가 누군지를 알아야겠다고 생각해서 그때부터 명찰을 달았어요. "각 1반부터 10반까지 스탠드로 다 올라오십시오", 반별로 이렇게 이렇게, 그때부터 명찰을 나눠주기 시작했어요. 그때 누구 아빠, 누구 엄마를 알기 시작한 거예요. 그때부터 알기 시작한 거예요. 그 전엔 누가 누군지 몰랐죠. 뭐, 옆에서도 몰랐으니까. 그게 3일쨴가 그랬던 거 같아요. 와, 하여튼 체육관에서도 소란이 되게 많았어요. 1시간도 조용한 적이 없었죠.

면담자　　　소란이라면 어떤?

예슬 아빠　　그러니까 누구 말이 맞느냐, 서로서로가 못 믿는 거야. 그 당시에는 어느 누구도 신뢰할 수가 없는 거야. 우리 가족이라고 명찰을 달면, 달기 전까지는 누구도 믿을 수가 없는 거야. 내

자신 아니면 믿을 수가 없는 거야, 다 거짓말이니까. 우리가 보는 것 자체가.

면담자 예를 들어 설명해 주시면?

예슬 아빠 글쎄요. 어떤 많은 점이 있었냐면 한쪽에서는… 아, 지어내면 안 되는 거잖아, 기억이 안 나네. 예를 든다면 아, 그 저기 뭐야 영어라서, 에어 뭐야?

면담자 에어포켓?

예슬 아빠 아, "에어포켓 존재한다", 뭐 그래서 "호스를 넣어야 된다", 그런 것들로 의견충돌이 생긴 거예요. 존재하냐 안 하냐. 결국 그것도 공업용 산소를 넣었다고 나왔잖아요, 결과 나왔잖아요. 그 새끼들, 다 거짓말인 거예요. 얘들 처음에 원래 넣는다는 날 안 넣었었어요. 그것도 우리한테는 넣었다고 했어. 그것도 그다음 날 거짓말이라고 다 뽀록났던 거예요, 거기서. 아, 해경, 해경에서부터 자기들은 우리들이 넣으라면 넣는다고 그랬거든요. "3일 동안 넣어야 된다, 산소 주입을 시켜줘야 된다", 근데 걔네들은 못 넣었어요. 근데 어떻게 뽀록이 났냐 하면, "어떤 방식으로 들어가서 어떤 방식으로 넣느냐" 물었는데 대답을 못 한 거예요. 그래서 뽀록이 나버린 거예요. 사실을 실토를 했죠, "못 넣었다"고. 근데 넣었다고 안심을 시키려고 거짓말한 거예요, 3일 동안.

3일 지나고 나서는 뭐 생존자 나올 수 없고. 또 한 가지, 우리가 3일 전에는요, 어느 부모를 만나서 얘기를 해봐도 마찬가지일 거야, 우리 역시 그런 마음을 먹었으니까. '좋다, 우리 딸이 아니더라도 누군가 한 명이라도 살아 나와라'. 그게 기적이니까. '누구라도 좋다, 누구라도 상관없으니까 한 명이라도 살아 나와라'. 그런데 그 희망도 개풀뜯기…. 그리고 첫날부터 인제 시신이 올라오기 시작했잖아요. 3일 정도 되니까 살아 나올 수 없다고 다 포기한 상황, 아마 생각했을 거 같아, 살아 나올 수 없다고. 그때부터는 '내 아이가 빨리 훼손되기 전에 돌아왔으면 좋겠다' 그런 생각이죠.

　아, 그리고 우리가 DNA 검사라고 해서 체육관에서 또 한 번 했어요, 엄마들. 아빠들보다 엄마들이 더 낫다고 그러더라고요. DNA 검사를 일률적으로 했죠. 그리고 인상착의를 적어내라고 그러더라구요, 적어내고. 그리고 한 명 한 명 올라오면 좋다고 그랬어, 그게 좋을 일이 아닌데. 아니 살아서 돌아온 것도 아닌데 좋겠다고 그러고 그랬어요, 그게 좋을 일이 아닌데. 내 아이 찾았을 때 미안하고, 남은 사람들한테 미안했고. 우리가 지금 나올 때 병원 로비에서 같이 생활하던 사람들이 세 명 있었어요. 영인이 아빠도 그중에 한 명이야. 영인이 아빠, 가영이 아빠. 가영이 아빠는 오늘 [정부합동분향소 유가족 대기실에] 왔는데, 세 명이서 우리가 얘기했던 게 뭐냐면, 그 당시 어떤 이야기를 했냐면 3일째 되기 전날인가

3일째 된 날인가, "여기 다 올라오고 우리 아이만 남으면 어쩔 것이냐, 미쳐버릴 것이다. 나는 여기서 초가집 짓고 살 것이다, 난 안 올라갈 것이다, 어떻게 올라가느냐, 애를 두고" 그런 얘기를 했었는데…. 그 영인이가 지금 남아 있네. 영인이가요, 원래 우리 애보다 더 빨리 올라왔었어요. 근데 영인이가 자기 아이가 아니었던 거야. 다른 아이를 DNA 검사해 가지고 안산까지 올라갔다 왔어, 영인이 아빠가. 우리 세 명 중 제일 빨리 올라왔는데, 근데 제일 늦었지… 올라오지도 못하고.

체육관에서 내가 밥을 아, 3일 지나고부터 좀 먹었나 보다. 내가 원래 배고픔은 못 배기거든요, 근데 애 엄마가 한 개도 안 먹으니까 나도 못 먹겠더라고. 일단 데리고 가요, 적십자에서 많이 왔으니까, 봉사활동 왔으니까. 거기 가면 그냥 국만 조금씩 먹는 거야. 나는 밤마다 술을 먹었어요, 술을 안 먹고는 못 배기겠더라고. 그리고 밤마다 술을 먹었어요. 내려오는 지인들이 뭐 필요한 거 없냐고 물어보면 술 갖고 오라고 그랬지, 술, 술만 가지고 오면 된다고. 나는 내려오면서 내 친구들한테, 지인들한테 나한테 연락하지 말라고 했거든, 안 받을 거라고. 그리고는 전화도 안 받고 싶어서, 그리고 전화를 거의 안 받았지요. 지옥이었지, 지옥.

예슬 아빠 박종범

7

예슬이와의 만남

예슬 아빠   근데 그게 일상인 것처럼 되어버리다 보니까 특별한 걸 못 찾겠어. 우리 [예슬이]는 일주일 만에 올라왔어, 23일인가 24일인가 올라왔는데, 난 우리 예슬이한테 그랬거든요. 3일째, 4일째, 5일째 되는 날, 우리 형제들이 왔었는데 주말에 올라가라 그랬어. 일요일에 올라가라 그랬어요, 토요일에 올라가라 그랬나. 난 예슬이하고 마음속으로 그랬었죠. '난 너 일주일만 기다릴 것이다. 일주일 만에 안 올라오면 아빠는 올라간다' 그랬는데. 야아, 근데 그게 미신인지 몰라도, 진짜 웃기는 게 뭐냐면 마음을 비우니까 옵디다. 마음을 비우니까 와요, 욕심을 안 부렸어요.

면담자   마음을 비우는 게 쉽지 않잖아요.

예슬 아빠   쉽지 않죠. 근데 내 친구 중에, 초등학교 동창 중에 스님이 된 사람이 있어요. 근데 그 친구가 문자를 보내줘. 걔 문자를 보고 내가 마음을 좀 내려놨죠. 부모가, 부모가 너무 아이한테 지금 저거를 기대고 있으면, 애가 아예 돌아오지 못한다고 그런 비슷한 문자를 보냈었죠. '그럴 수도 있나' 하고, '그래, 예슬아, 그냥 돌아와 주기만 해라. 아빠 니가 어떤 모습이라고 하더라도 기다릴게' 이렇게 하고. 체육관에서 명상을 했어요, 진짜 거짓말 아니고요. 혼자서 명상을 하고 있는데 안 믿을지 모르겠지만, 난 진짜 경험했는데요, 그게 뭐 전문용어로 '트래팟'인가 그러더라구요. 체육관에서 저 사고 현장까지 그려져요, 내내 눈을 감아도 이게 보여. 그러면서 그런 마음을 먹은 거야. '예슬아, 돌아와 주기만 해라' 그러다가 너무 이상해서 팽목항으로 나왔어요. 팽목항으로 가서 저 등대 쪽으로 가면 아무도 없는데 가서 또 명상을 했어요. 또 거기서 이어지더라고요. 아, 이거 또 뭐지 이상하더라고요. 아… 얘가 올런가….

그다음 날 아침, 아니 저녁에 예슬 엄마한테 "당신이 뭐라 생각할지 모르겠지만 마음을 비워봐라, 우리 예슬이 돌아와 주는 것만으로도 고맙게 생각을 하자", 그러고 저녁이 됐어요. 6시, 7시 어스름해졌을 거예요. 우리가 직원들이랑 나가서 담배 한 대 피고 얘기하고 있는데, 예슬 엄마가 나를 막 찾더라고요. 올라왔다는 거예요, 예슬이었다는 거예요, 올라왔다는 애가. 체육관에도 DNA 검사 했던, 경찰들 있는 데가 있어요. 거기 가면 화면이 나와. 배에서 찍은 화면을 보여줘요, 인상착의랑 맞는지. 일단 보니까 비슷하더라구. 긴 건 기다, 아닌 것 같기도 하고, 근데 우리 예슬이는 저걸 보고 확신을 했죠, 목걸이. 그 목걸이를 하고 있더라고요. 생리한 날 기념으로 해준 목걸이 있거든요. 이니셜 박아가지고, 날짜를. 예슬이 엄마도, 예슬이 동생도 그걸 보고 알았나 봐. 그래, 이제 가보자,

예슬 아빠 박종범

팽목항으로 갔죠. 그때 30명인가 스물 몇 명인가 되게 많이 올라왔어요. 올라와서 우리 아이를 본 거죠.

근데 우리 아이…(침묵) 너무 편안하게 자고 있더라고요, 너무 편안하게…. 내가 검안실… 검안실 입구에 딱 들어가니까 우리 아이가 딱 보이더라고요. 한 번 딱 보니까 예슬이가 보이더라고. 근데 가가지고 보니까 애가 자고 있는 거 같더라고. 나는 얼굴부터 보고 손가락, 발가락부터 봤죠. 제대로 있는지…. 손가락 보고 발가락 딱 만지는데 굳었더라고요, 굳어 있더라고요. 그래서 막 만져 줬어. 추울까 봐… 추울까 봐…(울음).

이 녀석이 핸드폰도 가지고 왔더라고요, 고맙게시리. 핸드폰도, 핸드폰도 손이 (주먹을 살짝 쥐며) 요렇게 있는데 핸드폰이 없더라고요, 처음엔. 가슴 속에다가, 여기다가 넣었나 봐. 요 안에 있더라고요. 입술에 바르는 립글로즌가? 그거 있잖아요, 트는 데 바르는 거, 그거하고 같이. 근데 지 동생도… 무섭지가 아… 자식이라 그런가 무섭다는 생각은 안 들고, 애가 죽었다는 게 느껴지지가 않는 거예요. 그냥 자고 있는 거 같은 거야, 그냥. 근데 옆에서는 옛날에 우체국 다닐 때 알았던 친구가, ☆☆인가 ☆☆인가 1반 애, 걘 날 막 불러요, "종범아, 종범아, 우리 딸 왜 이러냐"고. 손가락 여기가 없는 거예요. 여기가 막, "애 손톱이 한 개도 없어", 이러는 거야. 그런 아이도 있었고.

근데 그 당시에는 못 느꼈죠. 지금 돌이켜 보면 애들이 꼭 밤 늦게만 데리고 나와요, 낮에는 안 데리고 나와. 왜일까 생각을 해 봤죠. 생각해 보니까 애들이 낮에 꺼내놨다가 배에, 어두워지면 가지고 나오는 거야. 지네 딴에는 카메라들 그런 거 땜에 그렇다 그러는데, 처음엔 카메라에 공개됐었잖아요. 딸려 온 아이 얼굴까지 공개됐어요. 외국 방송에서 외국 기자들이 내보낸 적 있었잖아요. 그래서 그런지 밤에만 내보내더라고. 그래서 확인을 하고, 확인하고 바로 안산에 올라오는 게 아니었어요. 그리고 병원에 가서 또 검식을 해야 돼요. 웃긴 거 아니에요? 그리고 또 중요한 거는, 그때 우리는 여러 명이 한 번에 올라와서 그런지 몰라도 병원에서 빨리 빠져나온 거야, 2시간인가 3시간 만에 빠져나왔으니까, 한 사람이. 되게 많은 인원이 올라왔는데 목포에 있는 병원이라는 병원은 다 분산해서 할 거 아닙니까. 난리도 아니었죠, 그때도. 혼란스러웠어. 서로들 막 안 보내주니까, 저것들이. 우리는 이해가 안가는 거야. 걔들은 DNA 확인해야, 일치해야 보내준대요, DNA가. 근데 말이 안 되는 거야, 엄마 거 이미 한 거 아니야. 그냥 아이 것만 하면 금방 되는데, 검사해서 승인 떨어져야 된다고. 그래서 막 지랄지랄 해 가지고 올라왔죠.

면담자   누구의 승인을?

예슬 아빠   검찰 승인. 검찰 승인이 있어야 된다고, 검찰 승인

예슬 아빠 박종범

없으면 못 올라간다고. 우리가 어떻게 올라왔냐면, 내가 장담하겠다, 내가 내 딸 모를 리가 없고 장담하겠다. 그리고 차 타고 올라와 버렸어요. 막 지랄지랄하니까 그냥 보내주더라고. 뒤에 밀리고 그러니까. 우리는 119 타고 왔어요. 예슬 엄마랑 ○○이는, 동생은 택시 타고 올라오고. 근데 내가 119 타고 예슬이랑 같이 올라오면서 느낀 게 뭐냐면, 냄새가 나더라고요. 냄새를 처음에는 못 맡았는데, 한참 오다 보니까. 냉동을, 에어컨을 틀었을 거 아니에요. 난 추워, 되게 추운데 냄새가 나더라고. '애가 상했나?' 속으로 인제 '벌써 상했나?' 근데 염하고 안 건데, 염하고 알았는데, 그게 상해서 그런 게 아니에요. 여기가 (두부를 짚으며) 뒤쪽이 함몰이 되어 있더라고, 염할 때 보니까. 염할 때도 계속 피가 흐른다고 그러더라고.

자, 자… 이거 정말 남겨야 돼. 검찰에서 또 실수한 부분이 그거야. 우리 [아이들] 사망하고, 사망 원인 저기 저걸 보면 다 물속에서 사망한 걸로 인제 돼 있어요. 걔들 검안소에서 사진을 받아 보니까, 목포 그 무슨, 목포[한국]병원인가 거기서 검안을 했거든요. 우리 가족들도 다 나가라 그러고 지들 안에서만 아이들 홀딱 벗기고 하잖아요. 사진 찍는 거지, 앞뒤로 다 보면서. 걔들 분명히 거기서 봤을 거야, 머리가 깨져서 피가 흐르는 거를. 그런데 사망 저기에는 그거 한마디도 안 들어가 있어요.

면담자   사망 원인은 뭐라고 하던가요?

예슬 아빠   다 저거야, 물속에서 죽은 거야. 익사야 익사, 다 익사라고 나온다니까요. 다 통으로 익사라고 해놔 버린 거야. 분명 우리 아이는 익사가 아니야. 자, 물론 내가 전문가한테 물어보지는 않았는데, 익사를 하기 전에 사망을 했다면요, [수중에서는] 피가 안 나오는 거야. [수습 후] 공중으로 올라와서 산소를 부딪히니까 피가 나오는 거예요. 바닷속에서는 먼저 사망을 했으니까 피가 멈춰버렸던 거 같애. 그러니까 피가, 올라와서 염할 때도 피가 흐르지. 그 냄새였던 거예요, 내가 앰뷸런스 타고 올라오면서 맡은 냄새가 상한 냄새가 아니라 피 냄새였던 거야, 지금 생각해 보면, 그때 생각해 보면. 그때 염하면서 들어가 보질 못하잖아요. 우리는 일부러 염하는 분들은 여자분들 했다고요. "딸내미, 시집도 안 간 딸내미 어떻게 남자 염사한테 맡기느냐, 난 도저히 못 맡기겠다, 1시간이 걸리든 2시간이 걸리든 무조건 구해와라", 그래서 여자 염사 두 분한테 맡겼거든요. 우리 스님, 우리가 다니는 스님을[이] 같이 들어갔었는데, 스님이 나와서 그러시더라고. 예슬이 뒤쪽이 함몰되어 있고, 이 몸에 유리가 파편이 그렇게 많이 박혀 있더래요, 근데 우리가 몰랐던 거지.

면담자   확인할 때는 옷을 입은 상태였던 거죠?

예슬 아빠   그것만, 우리는 그거밖에 볼 수 없으니까….

면담자   그런데 유리조각이 박혀 있으면 옷이 찢겨졌을 텐데요.

예슬 아빠   아니요, 전혀 없어요. 그런 건 못 느꼈어요. 머리도 짜맨 건 없었고. 딱 한 가지, 여기가 시퍼렇더라고. 여기가 시퍼런 느낌이 들었어, 눈가가. 여기가 뭘 이렇게 붙여놓은 거 같더라고. 그래서 애들 엄마한테 "얘 여기 왜 이러지, 눈이 왜 이러지?" 눈을 떴었나 봐, "눈이 안 감겨지니까 감기려고 테이프를 붙여놨었다", 그러더라고. 그럼 뭐야, 익사 아니라니까. 익사 아니에요. 부검을 해봤어야 돼. 익사가 되기 전에 우리 아이는 사망한 거야. 부모인 내가 추측하기로는 익사하기 전에 뭔가에 부딪힌 거야. 자, 예슬이하고 영은이하고 복도에 같이 있었습니다, 영상을 보면. 예슬이가 남겨준 영상을 보면 영은이는 어떤지 아세요? 이쪽이 함몰이 됐어요, 얼굴 한쪽이. 난 보진 않았는데 부모들 얘기들 들어보면 한쪽이 함몰이 되어 있었다 하더라구요, 얼굴이. 그럼 어디 부딪힌 거 잖아요, 100퍼센트 부딪힌 거야.

우리 부모들이 실수한 부분이 딱 이거야, 하나도 부검한 사람이 없다는 거. 그것도 우리가 증거를 인멸시킨 거예요, 사실은. 부검을 했어야 하는데…. 특히 우리처럼, 우리는 염할 때 그걸 알았으니까. 난 그 전에 알았다면 어떻게 좀 사진이라도 찍어놓던가, 그걸 했을 텐데. 그리고 해경 애들이 검식하면서 찍어놓은 사진이 있어요. 그걸 우리 부모들이 요청을 하면 보내줘요. 그걸 보면 앞뒤 사진 찍어놓은 게 있거든요? 머리에는 피나는 흔적이 안 보여요, 시트에는 보여. 그걸 애들이 안 뒤져봤겠냐고. 뒤져봐야 당연한 거 아닌가, 그죠? 그럼 추정을 해야 될 거 아니야. 그러니까 우리나라 지금 시스템이, 자, 처음에 사고가 났다 칩시다, 세월호가 사고가 났어. 사고가 났으면 아이들을 다 구해낼 수 있는 시간적 타이밍이 충분히 있었잖아요. 한 개도 구해지 못했어요, 한 명도 구해내질 못했어. 그건 뭐야, 이건 사고 아니야, 학살이야 학살. 진짜 학살이에요, 학살.

예슬 아빠   중요한 건 우리가 증거 인멸을 우리 스스로가 한 거야. 그렇게 빨리 장례를 치를 필요가 없었던 거 같애.

8

장례 과정에서의 아쉬움

면담자   그사이에 부검, 합동 장례 등의 얘기가 있었나요?

예슬 아빠   있었어요. 처음에 우리가 올라올 때만 해도, 우리 올라오기 전에도 있었죠. 일단 안산에 가서 안치를 시켜놓는다, 장례식은 같이 치른다는 말이 있었어요. 그런데 어느 순간인가, 누가 올라온 사람이 먼저 장례를 치렀나 봐. 저기 뭐야, 올림픽, 올림픽공원[기념관] 있잖아요. 올림픽공원[기념관]이랑 와동체육공원에, 와동체육관에 냉동 창고를, 시신 냉동 저거를 만들어 놨었대요, 보관 하려고. 그랬으면 더 빠른 진상 규명이 됐을 수도 있었지. 지금까지 장례를 안 치르고 있었다고 생각을 해봐요. 뭐 그죠? 그랬어야 했던 거 같애. 그런데 자, 우리 모두들 이랬어요. 맨 처음에 내려갈 때는 애들이 당연히 생존했을 거라고, 생존했을 거라고 기대를 하고 갔다가 3, 4일이 지나고 생존 가능성이 없어져 가니까 내 아이라도, 알아볼 수 있을 정도, 그러니까 시간이 더 가면 알아볼 수가 없게 되어버리니 알아볼 수 있을 정도로 돌아와 주면 고마운 거야, 아이한테. 그래서 빨리 와서 장례를 치러버리는 거야, 올라오자마자 순서대로 다. 그랬던 거 같아.

우리 올라올 때 어떤 일이 있었냐면 "포화상태다. 안산이 지금 장례식장이 포화상태라 오히려 외곽으로 가야 될지도 모른다" 그런 얘기가 나왔어요. 우리도 올라오면서 식장 잡아놓으라고, "검안 검시 끝나기 전에 식장 잡아놔라, 난 확실하다". 근데 그게 확실해야지만 애들이 예약을 받아주더만. 그래서 집 근방으로 간 거예요. "난 확실하니까 잡아놔라, 일단". 그런데 우리도 기다렸어요. 우리 앞의 아이가 나가는 날 인제, 예슬이도 인제 빈소를 차릴 수 있었던 거죠. 다 그때는 그렇게 했어요, 하루씩 하루씩. 저녁에 올라올 거 아닙니까? 밤에 어두워지면 바깥으로, 뭍으로 나오니까 병원에 갔다가 하다 보니까 새벽 정도에 된다고, 도착하면. 그다음 날 장

49

례식장에, 냉동 창고가 여러 개가 있어요. 단상은 많지 않아도. 그러면 나가면 또 들어오는 거야, 계속. 그러니까 안산에 있는 장례식장이 다 그렇게 돌아갔던 거죠. 뭐 일부는 바깥으로 나갔던 사람들도 있나 보더라고. 바깥으로 나가기 싫으니까 대부분 여기서 다 하려고 그랬던 거예요. 그러니까 이거죠. '어? 장례식장이 없어서 외부로 나가야 될지도 몰라?' 그러니까 '우리 아이가 이게 어떠어떠한 증거를 남겨야 한다는, 어떻게든 해야 한다'는 그런 마음이 없었던 거야. '올라왔으니 고마워서 이렇게 보내줘야지 당연한 것이다', 부모의 입장에서 당연하다고 그랬던 거 같애, 나 역시도 그랬던 것 같고. 난 부검할 생각도 있었어요. 난 "부검을 해봤으면 좋겠다"[고 했는데] 우리 와이프가 턱도 없는 소리라고, 무슨 애를 두 번 죽이려고 그러냐고 그래 가지고 아예 꿈도 못 꿨죠. 난 사실은 사진도 찍어놓고 싶었어, 사실은. 개인적인 생각으로는 딱 처음부터 사진을 찍어놓고 싶었어. 그런데 차마 사진을 못 찍겠더라고. 내 딸내미, 내 자식 그 모습을 찍어놓지… 내 스스로 못 찍겠더라고. 정말 찍어놓고 싶다, 뭔가 증거를 남기고 싶다는 생각에 찍고 싶다는 마음은 있었는데, 차마 내 손으로 찍지를 못하겠더라고.

면담자　　　　증거를 남겨야겠다고 생각한 이유가 있으셨는지요?

예슬 아빠　　　너무 이상하잖아요. 첫날부터 너무 이상한 걸 느꼈기 때문인 거죠, 뭔가 이상하니까. 뭔가 이건 계속 숨기려고 하는 게 보이고, 그런 걸 너무나 내가 느꼈으니까 계속 '증거를 남겨놔야 되겠다'라고, 이런 생각이 든 거죠. 그리고 우리가 너무 급작스러운 상황에 닥치다 보니까 내가 아무리 이성적으로 판단을 한다 하더라도 오판이 나왔던 거죠. 그냥 지금 우리가 가지고 있던 상식의 장례 절차를 따라갔던 거 같아요. 이게 어떤 나쁜 건지 좋은 건지도 모르고, 그렇게 해야만 도리인 거 같은 느낌이 들었던 거죠. 그래서 장례식까지 치렀던 거 같애. 그러니까 장례식 치르고 나서도 내 손으로 아이를 화장터에 넣어서 화장을 해서 봉헌당에 갖다 놨어요. 그런데 믿겨지지가 않는데, 뭐. '내 아이가 진짜 죽은 거야? 없는 거야?' 그런 생각이 안 들었는데요. 그러니까 다들 자기 올바른 정신이 아니었던 거 같아요. 그래도 지금은 돌아온 거 같아요. 1년 6개월이 지나니까 좀 이성적이 됐지, 이성적으로 많이 돌아온 거 같아요.

여기서 말하는 인권에 대한 문제라던가 이런 것을 꼬집는다면… 이제 우리는 어떤 것이 인권을 유린당한 건 아닐까 얘기할 수 있는 거고. 그 당시에는 몰랐죠, 이게 무슨 우리가 지금 인권을 유린을 당하고 있는 것인지 아닌지. 그냥 단지, 그 당시에는 단지 그랬던 거 같아요. 우리 아이 빨리 와서 데리고 올라오는 게 최고의 저기 뭐 기쁨이었던 거 같애. 살아 돌아온 것도 아닌데, 어… 다른 생각이 없었던 거 같아요.

9

팽목과 진도에서의 인권 유린 경험

면담자　　　인권 유린 이야기를 하셨는데, 경험하거나 목격하신 구체적인 사례가 있을 텐데요.

예슬 아빠　　돌이켜 보면 되게 많잖아요, 돌이켜 보면. 자, 진도 체육관, 아니 팽목항에 내려갔을 때부터 마찬가지죠. 정부와 해경과 해수부는 우리 가족들한테 해줘야 될 제일 근본적인 거부터 안 했잖아요. 공권력으로 다 막아버렸고, 공권력으로 덮어버렸잖아요. 가족이 원하잖아요, 그럼 현장을 가자면 가야 될 거 아니에요. 자, 처음부터 "[현장으로] 갑시다" 했잖아요, 그죠? 근데 안 갔잖아요. 우리가 아무리 말을 해도 안 가. 근데 우리 힘으로 갈 수가 있어요? 우리가 울부짖을 수밖에 없는 거야, 거기서. 부모들이 할 행동이 그거밖에 없어요, 울부짖는 거밖에. 부탁하는 거밖에 없는 거예요. 선장 멱살 잡고 가자고 그래? 정말 우리 부모들이 좀 후회되는 게 뭐냐면, 정말 우리 부모들이 용기가 있었다면 바다에 뛰어들었어야 돼. 그날 내려가서 몇 명이라도 뛰어들었어야 돼. 사실은 뛰어들려는 사람 있었어. 말려서, 잡아서 못 뛰어든 사람이 있었는데, 그랬으면 해경 애들이 좀 가까이 가지 않았을까 하는 생각도 들고. 오, 큰일 나겠다는, 더… 이제 그거를 지나서 돌이켜 보면요,

난 일주일 만에 올라와서 장례식을 치렀잖아요. 그리고 다시 진도를 내려갔다 왔죠, 다른 부모들을 뵈려고. 내려갔다 올라와서 계속 분향소에 있었어요. 분향소에 매일 나가서, 거기 들어오는 정보들이 많아요, 이런 얘기들, 저런 얘기들. 그런데 우리가 이렇다 하면 이런 증거를 파고 들어가는 건 없었어. 난 그러지를 못했어. 뭔가를, 증거를 찾아야지 하면서도, 내가 아니어도 누군가 찾겠지, 이런 생각을 했던 거 같아요. 안이한 생각.

면담자   분향소에 계속 가신 이유가 있으셨나요?

예술 아빠   이유요? 글쎄, 이유가 있을까. 당연히 가야 된다고 생각이 되는데.

면담자   분향소 가는 게 힘든 사람들도 있을 수 있는데 아버님께서는 가셨네요, 분향소로.

예술 아빠   집에 있을 수가 없잖아요. 그런데 거기 가면 편해, 오히려 나는. 거기 가서 사람들을 만나고, 막 이걸 봐야 돼. 그래야 오히려 마음이 편하더라고. 또 거기 가면 많은 정보들이 있고, 막 얘기들을 많이 들을 수 있고 그러니까, 내가 답답해하고 있던 것들도 누군가 얘기를 해주고 그러니까, 그러니까 난 계속 나갔던 거예요. 난 거기서 들은 얘기로, 잠수함 얘기도 거기 가서 들었어요.

면담자   잠수함?

예슬 아빠   잠수함. 잠수함 얘기는 어떻게 들었냐면, 내가 그때 누구라고 지칭하지는 않겠는데, 그분이 확인한 거까지는 어떻게 얘기했냐면, 백악관에다가 공문을 띄워서 "이러이러한 게 아니냐" 했을 때 거기서 답변을 해준 게 어떻게 왔냐면, "한국 정부에서 아직 이렇다한 공식 발표를 한 게 없기 때문에 자기들도 얘기해 줄 수 있는 게 없다", 이렇게 회신했다는 얘기가 있어요. 그러니까 너네들 잠수함이 [있었다고] 추정할 수 있는 게 아니냐고, 비스듬하게 얘기했을 때 그렇게 답변이 왔다는 얘기가 있어요. 그럼 잠수함 충돌 [가능성]도 열어놓을 수 있는 거예요, 충분히.

면담자   사고 원인에 대한 얘기들이 많았죠.

예슬 아빠   그러니까 나는 퍼즐을 다, 내가 겪었던 거 들었던 거를 다 이렇게 퍼즐을 맞춰보면, 아, '이거 계획된 살인이다'는 결론이 나오는 거죠. '아, 이게 계획되었던 거 같다'. 근데 우리가 "계획된 거야" 이런 걸 얘기하려면, 계획됐다는 증거가 있어야 되는데 그 자료가 없기 때문에 말을 못 하는 거죠. 근데 느낌은 그래, 느낌은. '이거 계획된 거 아니야, 진짜? 이거 너무한 거 아니야? 그랬기 때문에 이랬던 거 아니야?' 하고.

10

아이의 마지막 순간에 대한 의문

면담자   예슬이를 다시 만나고 나서 사망 원인에 대해 계속 고민하게 된 계기가?

예슬 아빠   그러니까 생각을 해본 거죠. 예슬이 엄마하고 예슬이가 통화했던 시간, 그리고 물이, 배가 침몰하느라 45도가 됐을 때의 시간, 그런 시간들을 비추어봤을 때 얘는 그때 부딪힌 거예요, 뭔가에. 그 시간대에 딱, 지 엄마하고 통화가 딱 끝나는 시점에 아마 뭔가에 충돌을, 얘는 자기 신체에 무슨 접촉이 왔었던 거야.

면담자   마지막 통화가 언제?

예슬 아빠   9시 15분 땐가, 10시 15분 땐가, 그때 통화가 끊겼어요, 지 엄마하고. 그다음부터는 통화가 안 된다고 그러더라고. 나도, 그 전까지는 나도 문자 받은 게 있어요. 문자를 받고 지 엄마하고 나하고 통화를 하고 난 다음에 예슬이한테 계속 문자, 전화를 해도 안 되더라고. 근데 얘가 지 엄마하고 통화할 때는 지 핸드폰으로 한 게 아니고 다른 사람 핸드폰으로 했다고 그러더라고, 배터리가 없었나 봐. 막 배가[를] 돌면서 촬영을 하고 그래서인지 몰라도, 배터리가 없는 건지 통화가 안 되더라고. 그리고 그 지역이 통화가, SK[이동통신]가 잘 안 터지는 지역이에요. 우리도 거기 들어가 보니까 통신 불능 지역이라고 뜨더라고, 배에서. 그런 지역이더라고. SK [휴대폰을] 떼어보니까, 포렌식해 보니까 걔가 문자 보낸 시각 다 나오더라고. 나는 그놈하고 마지막 통화가 15일, 아 15일 날 문자가 "아빠? 나 가요" 하고, 또 문자가 온 게 "안개가 많이 껴서 우리 못 갈 거 같애". 그러고 한참 있다가 "우리 가요" 해서 "못 가면 돌아오면 되지, 뭐 섭섭하겠다" 하고 통화를 했나, 문자를 했나 그런 기억이 있고. 근데 몇 시간 있다가 또 간다고 그러니까 "잘 갔다 와라" 그게 끝이었어요. 난 당연히 잘 가는 줄 알았지. 아침에 난 일찍 나가야 되니까. '아, 우리 딸내미 어디쯤 가 있겠구나, 잘 노나, 어제 불꽃놀이 잘 했나' 이러면서.

면담자   엄마랑 마지막 통화했을 때 어떤 내용이었는지?

예슬 아빠   예슬이가 무지 침착하게 울지도 않고 있더래요, 그 시간까지만 해도. 근데 엄마가 먼저 우니까 애도 울더래. 아, 그건 나중에 엄마한테 들어보시고, 나도 들은 얘기니까. 그러면서 "예슬아 어떡해" 그러니까 "엄마, 괜찮아, 걱정하지마. 엄마, 우리 살 거야" 이러면서 지도 같이 울더라 그러더라고. 앤, 난 우리 딸내미 아는 게 뭐냐면, 어떤 거냐면, 아빠가 그 전에 [수학여행 전날] 그렇게 얘기했잖아요. 걔는 그걸 끝까지 믿었던 거야. 자기가 구조될 거라고 믿고 있었던 거야. 그래서 A인가 걔, 생존한 애 얘길 들어보면, 예슬이가 문가에 있었대요. 바로 문 바로 옆에 있었대요, 금방이라

예슬 아빠 박종범

도 나올 수 있는 거리에 있었대요. 근데 안 나온 거 보면…. 그리고 애 영상을 보면 "헬리콥터 왔다, 우리 바다에 뛰어들 거야" 이런 말들이 나오잖아요. 자기는 뛰어내리라고 하면 뛰어내리려는 마음의 준비가 되어 있었던 거 같애. 이씨, 근데 타이밍이 다 늦어버렸던 거겠죠.

11
참사 후 언론 제보 과정

면담자   아버님, 나중에 영상을 제보하셨잖아요. 그 과정 좀 얘기해 주세요.

예슬 아빠   음… 영상은, 장례를 치르고 예슬이 옷 정리를 집에서 하고 있었죠. 정리를 하고 있는데 애들 엄마가 쓰레기봉투를 사오라 그래서 난 쓰레기봉투를 사러 바깥에 나갔다 오는데, 기자들이 우리 집을 얼쩡거리더라고요. 그래 가지고 어떻게 왔냐고, 어떻게 오셨냐고. 뭐 어디 어디, 그때 JTBC더라고. JTBC에서 혹시 장례식을 치렀으니까 유품 정리할 거 아니에요, 그것도 촬영 좀 하면 안 되냐고 그래서…. 난 또 그때도 역시 그래서, 증거를 좀 남겨놔야 돼 그래서, 애 엄마한테 "JTBC에서 왔다는데 이거 남겨놓는 게 안 낫겠나? 너무 없으면 나중에 후회할 거 같은데" 그러니까 그렇게 하자고 그러더라고요. 그리고 그 친구들이 스케치하는 거죠. 인터뷰도 했나? 인터뷰는 별로 안 했던 거 같고, 스케치만 했는데….

그리고 갔어요, 가고. 애 핸드폰이 있었잖아요. 이제 그걸 가지고 이걸 어떻게 하냐, 버리려니 그렇고, 우린 그 안에 뭐가 들어 있는지도 몰랐죠. 그때 서비스센터 가면 이걸 복구해 준다는 말, 아님 교체해 준다는 말이 있더라고, 그래서 거길 간 거예요. 가서 포렌식되느냐 [문의했어요]. 그때 삼성서비스센터에서 포렌식이 된다고 그랬어요. 되느냐 하고 거기 갔던 거죠. 가서 엔지니어가 보더니만 시간이 걸린다고 그러더라고, 포렌식하려면. 그래서 일단 맡겼어요. 맡기고 SD카드를 확인해 본 거야. SD카드가 살아 있는지 안 살아 있는지 봐 달라고, 확인해 달라고 그랬더니 보더니만 "오, 아버님 이거 살아 있는데요" 이러는 거야. "사진은 그대로 있는데요" 그러는 거야. 그런데 거기서 영상이 있었어요. 거기서 영상을 못 보고… 배에서 찍은 영상이 있다는 거야, 엔지니어가 보니까. 그럼 그거 달라고, 그리고 내가 집에 와서 예슬 엄마한테 전화를 했죠. "예슬 엄마, 여기 배에서 찍은 영상이 있단다". 그러니까 애들 엄마가 나보고 보지 말라 그러더라고. "왜 보지 마?", 궁금해서 못 참겠더라고, 그래서 봤어요. 내가 집에 와서 틀어서 봤어요. 아이가 막 배에서 구출되기 전에 촬영했던 영상이 남아 있는 거예요. 세 컷인가, 네 컷인가, 1분 몇 초짜리가 두 개 있고, 3초짜린가가 또 하나 있고, 있더라고.

아, 그걸 보니까 기가 막힌 거예요. 근데 거기서 배에서 하는 안내방송 소리를 판독해 달라고 사실상 JTBC를 부른 거야. "이런 자료가 있는데 내가 듣기에는 도대체 뭔 말인지 모르겠다, 이게 탈출하라는 말 멘트인지 아닌지 뭔지 모르겠다", 탈출하는 멘트 같으면 내가 제보 안 했을 거야, 차라리. 탈출하라는 멘트가 있었으면. 근데 기다리라는 멘트가 나오는 거 같애. 그러니까 애들이, 기자 애들이 아버님 이거 저희들 좀 주면 안 되겠냐고. "왜?" 그러니까 저희가 이걸 가져가서 내보내겠다는 거야. 그럼 그렇게 해라, 그래서 그날 저녁에 나가게 된 거예요.

근데 방송 1시간 전에 안 나가는 거야. 아, 그때 그랬지. '야, 니들, 얘들도 거짓말이구나'. 근데 손석희가 직접 전화가 왔어요. 오늘 사실상 방송을 내보내려고 했는데, 우리가 더 알아볼 게 있어서 전문가들 부르고 더 알아보고 내일 나갈 것이라고, 그렇게 하더라구요. 근데 그게 뭐냐면 선장이 탈출한 시간하고 우리 아이들 배에 있는 시간하고의 타이밍 때문이었던 거야. 선장은 탈출한 증거가 드러나 버렸잖아요. 아이들 아직 배 안에 있는데. 얘들이 탈출했다는 게, 선장이 거짓말인 게 드러나 버렸던 거예요. 그 작업 때문에 그런 거 같더라고. 그래서 그게 걔들한테 접근이 된 거죠. 그것도요, 그때 KBS인가 SBS인가로 전화를 했어요. '이런 영상 있는 데

너희들 어떻게 할래?' 그러니까 메일로 보내주면 안 되겠냐 그래요. 그래 가지고 "싫어, 인마! 니가 가져가". 그런데 JTBC 애들은 두말 안 하고 지들이 와서 가져간 거예요. "그럼 너희들만 주겠다, 다른 방송사 하나도 안 주겠다", 그래서 걔들만 가져가게 된 거죠. 다른 방송은 그래서 한 개도 안 주고, 그래서 나가게 된 거예요.

두 편 있어요. 두 편 있고, 3초짜리는 위에서 찍은 게 있어요, 3초짜리. 아이들 네 명, 다섯 명인데, 뭔가 걔들이 뭔가를 봤어요. 뭔가 올라왔나 봐. "저게 뭐지?" 그러면서 뭐라더라? 하여튼 그런 애들 놀란 멘트 있잖아요, 멘트를 쓰더라고. 근데 3초가 너무 짧아. 그것도 우리가 증거 제출을 해봤는데 모르겠어요. 뭔가를 봤어, 뭔가를 애들이 분명히 봤는데. 그리고 예슬이가 그렇게 짧게 동영상을 찍지 않거든요. 뭔가를 더 남겼을 텐데, 그것만 남은 걸 보면 내려갔나 봐, 내려가라 그랬나 봐 누군가. 그래서 내려와서, 그 인제 내려와서 또 배 안에 찍은 사진 나온 거 또 하나 있잖아요, 항적 표시. 현 위치하고 예슬이 사진에서 나와 있는 현 위치가 틀리다, 얼마고 차이가 난다 이런 게 또. 그것도 예슬이 사진에서 나온 거라 그러더라고. 그걸 보고 걔들이 알려준 현 위치와 예슬이 사진 속에서 나온 현 위치가 다르다고.

면담자   어떤 걸 보고 판단한 걸까요?

예슬 아빠   그러니까 뭐 배 있잖아요, 나침반 같은 거 있나 봐,

그런 게. 항적 표시 같은 게 있나 봐요, 위치 표시하는 게. '파파이스'[한겨레TV 시사PT쇼]에서 그걸 알아냈더라고, 그것도. 그래 가지고 '파파이스'에서 그게 나왔던데, 한 번. 그게 유투브에서 나왔던 거 같은데, 아님 페이스북인가.

면담자　　　동영상과 사진 복구됐을 때 상황 좀….

예슬 아빠　　복구된 게 아니고 SD카드에 있던 거.

면담자　　　SD카드에 있던 거 확인할 때 여러 생각이 드셨을 거 같은데.

예슬 아빠　　(한숨) 미치는 거죠, 미치죠. 돌아버리죠. 불과 애들 침몰되기 몇 분 전까지 재잘대고 있잖아요. 나는 내 딸을 알아. 걔 시간대가 지금 9시 45분, 47분대잖아. 근데 애들이 30분 뒤에 생사를 달리했잖아요. 30분 앞을 몰라, 애들은. 예슬이는 뻥튀기를 먹고, 당연히 구출될 거라고 기대감을 갖고 있어요, 내가 볼 때. 근데 30분 후에 어떻게 됐어요? 사라져버렸는데 애들이. 그러니까 나는 내 딸을 안다는 것이 뭐냐면, 끝까지 믿었다는 거야. 아빠도 얘기했듯이, 아빠를 믿었듯이 믿고 있었던 거야. 자기가 구출될 거라고, 그랬던 거 같애. 그런 게 보이는 거야, 우리 딸한테.

면담자　　　영상을 보면 불안해하는 친구들도 있었는데, 굉장히 침착하더라고요.

예슬 아빠   아, 예. 수희는 불안해했죠. 수희는, 수희는 제일 먼저 감지했던 거 같애. 〈비공개〉

면담자   영상을 보고 다른 아버님들과 얘기를 나누셨어요?

예슬 아빠   그럼요. 수희 아빠도 그걸 보고 얘기를 하게 된 거죠. 수희는 거기서 봤고, 영은이도. 영은이랑 주이하고 예슬이는 못 느꼈잖아요. 야, 걔들 진짜요, 나가라고 그랬으면 다 살 수 있었던 애들이야. 난 끝까지, 왜 바보같이 끝까지 기다렸는지 몰라. A는 나왔는데, 방에 있다가 나왔는데. A는 누가 찍어놓은 영상을 보면, 걔도 뭐가 느낌이 이상했는지 〈비공개〉 밖에 나가서 상황을 살피고 올게 하고 나가서 살은 거예요. 예슬이가 있는 데로 바깥에 나와서 "너 어디 가니", "밖에 갔다 오려고" 하고 살은 거예요. 그러니까 "예슬이 어딨니?" 하고 [물어]보니까 "바로 뒤에 있었다" 그러더라고. 애들 엄마가 체육관에서 "예슬이 봤니?" 그랬더니 "예슬이 금방 나왔을 거예요. 제 바로 뒤에 있었어요" 그랬단 말이에요.

걔가 나오니까 물이 확 찼다는 얘기를 들어보면. 자, 우리 아이뿐만 아니라 다른 아이도 함몰된 아이가 있어요. 그러면 그럼 뭐냐, 배 바닷물이 그렇게 빨리 들어올 수 있을까? 뭔가 구멍이 뚫린 게 아니면 다른 의심도 할 수 있는 거죠. 밑에서 뭔가 차 올라와 버리니까 물이 확 올라온 게 아니냐. 어떻게 그게, 원래 그런 배는 6

시간인가 8시간인가 만에 침몰된다는 얘기도 있잖아요, 일본 얘기를 들어보고 그러면. 그런데 2시간 만엔가 쑥 들어가 버렸잖아요. 말이 안 되는 거 아니야. 그러니까 뭔가 뚫려 있었다는 거지. 그러니까 추측이죠, 증거가 확실하게 나온 게 아니니까. 배를 건져야 아는 거니까. 뭔가 구멍이 뚫리지 않았겠느냐, 충돌에 의한 구멍인지, 폭발에 의한 구멍인지 뭔가가 있었지 않겠느냐, 그런 추측도 할 수 있는 거죠.

그래서 우리는 배를 인양해야 한다는 것이고. 당연히 인양을 해야지 남아 있는 실종자 9명도 찾을 수 있는 확률이 많은 것이고. 또한 거기에 그거[세월호]를 건져놔 봐야지만 침몰한 원인을 알 수가 있다, 배가 왜 침몰했는지 알 수 있다, 증거가 인양이 돼야지 안다는 거죠. 근데 현재 중국 저 뭐야, 걔들이 지금 우리가 감시를 하고 있는 동거차도에서 감시를 하고 있는 중에도 낮에는 작업을 안 하고 밤에만 한다는 거잖아요. 그거 왜 그러겠어요? 쟤들도 뭔 일을 하는지 모르는 거야. 우리는 접근도 못 하게 하고, 가족들을. 증거 인멸을 하기 위해서 빵꾸 난 데를 용접을 하고 있는 건지, 뭐 어디 긁힌 자국을 페인트를 칠하고 있는 건지 모르는 거야, 저거 지금. 제대로 인양을[이] 될 지도 모르지. 우리가 볼 때는 증거 인멸하고 있다고 봐요, 사실상. '증거 인멸을 하고 있는 게 아닌가, 숨기기 위해서', 그런 거 아닌가 생각이 들어요. 야, 이제 많이 덤덤해졌네.

이게 '세월이 약'이라는 말이 이런 데서 나오는 거구나.

아, 인권 인권 얘기하다가 다른 방향으로…. 그러니까 가족들하고 처음에 했던, 배에 가서, 현장을 당연히 가서 구조를, 정말 정상적으로 사고 후 구조를 하고 있었다면, 구조를 잠수를 방해하지 않는 선까지는 가[도록 해]줘야 했던 게 당연한 거 아니냐는 얘기죠. 그것도 우리는 인권 유린을 당한 거예요. 공권력에 유린을 당한 거잖아요, 그 당시에는 우린 몰랐지만. 우리는 아무리 가고 싶어도 가지 못하는 곳이고, 우리 힘으로는 갈 수 없는 것이니까.

나와서는 또 어땠습니까, 그다음 날은 어땠냐고요. 숨기기만 급했지, 핑계만 대고. 그리고 또 한 가지, 내가 아까 매뉴얼 얘기를 했는데, 매뉴얼 없었다는 건 누구나 알고 있는 사실 아니에요. 우리 국가에 재난 시스템이 전혀 발동이 되지 않았다는 거. 정부의 매뉴얼, 해경의 매뉴얼, 해수부의 매뉴얼 없었다는 거. 오히려 자기들끼리 우왕좌왕했었다는 거. 자, 그걸 돌이켜 보면 '정말 그래서 그랬을까?' 하는 생각도 들어요. '정말 매뉴얼이 없어서 그랬을까?', '누군가 뒤에서 큰 힘을 발동시켰기 때문에 하지 않았던 것인가?', 궁금하지 않아요? 우리야 당연히 궁금한 거고. '진짜 우리나라가 저렇게 구조 인력이 없어서, 할 수 없어서 안 했을까?' 난 아니라고 보는 거죠, 당연히. 당연히 안 했다고 보는 거지. 하지 않았다고 보는 거고, 장비가 있었는데 안 썼다고 보는 거고. 그걸 왜 안 썼냐고

예슬 아빠 박종범

고민했을 때는 당연히 누군가 배후 세력이 있었다고 볼 수밖에 없잖아요. 지금 일부 시민들이 떠드는, "숨긴 자가 범인"이라는 말이, 그 말이 맞잖아요.

2회차

2015년 11월 13일

1
시작 인사말

면담자   본 구술증언은 4·16 사건에 대한 참여자들의 경험과 기억을 기록으로 남김으로써 이후 진상 규명 및 역사 기술에 기여하고자 합니다. 지금부터 박종범 씨의 증언을 시작하겠습니다. 오늘은 2015년 11월 13일이며, 장소는 안산시 정부합동분향소 내 기억과 약속의 방입니다. 면담자와 촬영자는 김향수입니다.

2
근황: 수능, 언론 인터뷰

면담자   3일 만에 다시 뵙는데, 그사이 어떻게 지내셨어요?

예슬 아빠   아, 어제도 광화문 갔다가 밤늦게 왔어요.

면담자   신문에 난 거 봤어요.

예슬 아빠   신문?

면담자   ≪한겨레신문≫에 인터뷰하신 거 조금 나왔더라고요.

예슬 아빠   아… 이상하게 카메라를 피해 다녀도 자꾸 붙네요. 이게 은지 아빠 때문에 그래, 은지 아빠가 하자고 그래 가지고.

면담자 　　카메라 영상으로 나온 건 아니고 기사만 나왔더라고요.

예슬 아빠 　　그게 내가 보니까 다 짤랐더라고, 정말 했던 얘기들은. 《경향신문》도 다 가리네. 어제 막 정부 욕도 좀 했는데. "[정부가] 그럴 수가 있냐" 이런 건 다 잘라버렸더라고.

면담자 　　어떤 말씀이셨는데요?

예슬 아빠 　　어젠, 거진 그렇잖아요. 어제 우리가 당직이라서 [광화문으로] 올라갔는데, 거기 가니까 250개인가, 아이들 책가방 가지고 행사를 한다 그러더라고. 그 행사 때문에 기자들이 좀 왔나 봐, 몇 명 왔나 봐. 그래서 뭐 기자들 뻔한 질문들을 물어보잖아, 그리고 뻔한 대답을 원하잖아요. 뭐 당연히 그렇게 말할 거라는 걸 알면서 그런 걸 질문들 하잖아. "어떻게 생각하세요?", "이걸 보면서 많은 생각들이 나시겠습니다" 이런 것들, 식상한 얘기들. 그래서 난 엉뚱한 소리를 좀 했죠. 그랬더니 얘들이 포커스를 잡은 거야, 아이들이 시험을 보는. 근데 아이들이 무슨 시험을 봐, 없는 애들이. "내 생각에는 아이들이 영혼이 있다면 와서 세상을, 우리가 지금 잘하고 있는지 못하고 있는지 감시하고 있을 것이다, 지켜보고 있을 것이다" 그런 말을 했거든요. 그랬더니 오늘 아침에, 새벽 6시에 CBS에서도 인터뷰했다니까요, 전화 인터뷰. 자다가 깨가지고, 느닷없이. 질문지는 문자로 주더라고요. 그런데 어제 1시에 잠을 잤는데, 이 꼴을 하고 그냥 잤어요. 아침에 일어나 가지고 뭐 준비할 시간도 없고, 말을 제대로 못 했어, 하고 싶은 말을 다. 아, 이거 너무 아깝네. 근데 CBS "김현정의 뉴스[쇼]" 그걸 찾아보니까 사실 그대로 많이 내보내 주더라고요. 그럴 줄 알았으면 내가 준비를 좀 할 걸(한숨), 준비를 너무 안 했어.

면담자   원래는 어떤 얘기를 하고 싶으셨어요?

예슬 아빠   그러니까 이게 뭘 메모를 해놓고 얘기를 전달한다면 할 수 있겠는데, 그때그때 생각나는 대로 얘기를 하다 보니까(웃음) 너무 짤막하게 얘기를 했어. 국민들에게 하고 싶은 말이 많았었는데, 갑자기 꽉 막혀버리니까. 메모를 좀 해놓을 걸.

면담자   아버님, 그동안 언론 인터뷰 많이 하셨잖아요.

예슬 아빠   어휴, 이젠 그런 데 갈 땐 준비를 좀 해서 가야겠어요. 그래야지 진짜 이게 전달이 제대로 되지, 이건 아닌 거 같애.

면담자   ≪한겨레신문≫에는 시험 감독 얘기가 나왔더라고요.

예슬 아빠   그러니까 이게 걔들이 잘못 적은 거라고요, 아이들이 무슨 시험 감독을 해.

면담자   그래서 저도 시험 감독이 무슨 얘길까 했어요.

예슬 아빠   내가 방금 전에 했던 얘기가 그거예요. "아이들 영혼이 있다면 내려와서 우릴 지켜보고 있을 것"이라고. 그리고 "지금 우리나라에서 전반적으로 지금 왜곡되고 있는 부분들, 세월호 진실뿐만이 아니라 잘하고 있나 못하고 있나 하고 감시하지 않을까" 하고, 그냥 내 생각을 얘기했던 거라고. 근데 무슨 시험 감독으로 표현을 해버리고, 내가 얼토당토않게 어이가 없어 가지고…, 그랬습니다.

면담자　　　기자들에게 따로 항의하지는 않으셨어요? 왜 내 얘기와 다르게 나갔냐고.

예슬 아빠　　나도 어제 내려오면서, 오늘 그거 하면서 찾아본 게 다거든요. 그런 걸로 전화하기는 그렇고… 정정 보도 해달라고 그래야 되나요?

면담자　　　그런 거는 모르겠지만요.

예슬 아빠　　그죠? 그런데 오해의 소지는 있을 거 같애. 감독관은 무슨 감독관이야, 애들이. 말도 안 되는 소리지. 걔들도 좀 이상해, 기자가.

면담자　　　어제 3반 부모님들도 가셨나요?

예슬 아빠　　예, 여섯 분이 갔었죠. 거기 은지 아빠도 있었는데, 은지 아빠 거는 하나도 안 나가고, 내 것만 두세 줄인가 냈더라고.

면담자　　　어제 광화문 상황 좀 얘기해 주시겠어요?

예슬 아빠　　썰렁하더라고요, 많이, 예전보다는. 그것도 원인이 우리 가족들이 없었기 때문에, 많이 비었기 때문에 그렇다는 사람들도 있겠죠. 그리고 예전에 '광화문 지킴이' 하시던 분들이 다 빠지고 새로 온 멤버들이 많이 보이시더라고. 얼굴도 낯설었어요. 나도 간만에 나가보니까 되게 낯설더라고. 오후쯤 되니까 예전에 뵀던 분들 모습이 보이시더라고. 그분들이 자꾸 부담을 줘요, 광화문 지키셔야 된다고. 부담스럽더라고요. 물론 당연히 지켜야 된다는 건 알죠. 근데 그렇게 못 하는 입장도 있는데, 또 그걸 요구하고 계시고 그러니까 답답하기도 하고 그랬어요.

　　광화문에서(한숨) 처음에는 걱정을 되게 많이 했어요. '그 250개의 책가방이 놓여져야 하는데 저걸 시민들이 다 채워주실 수 있을까' 하는 걱정을 많이 했죠. 우리 딸아이 거 봤어요. 혹시 몰라서 가져갔거든요, 예슬이 메던 가방. 가방 가져가서 채워주시지 않으면 우리 딸 거는 내가 챙겨야겠다고 생각하고 있었는데⋯. 5시, 4시 50분쯤에 우리 아이 자리에다가 누군가 책가방을 가져다 놓으시더라고요. 앞에서부터 채우기 시작하더라고요. 6시쯤 되니까 그래도 한 50퍼센트 정도는 채웠고, 100퍼센트는 다 못 채워졌어요. 끝날 때쯤 됐을 때 40개, 50갠가 비어가지고. 가방이 없으니까 시민들이 명찰을 달고 앉는 걸로 마무리를 하더라고요. 우려했던 부분들보단 많이 협조해 주셔서⋯.

단지 우리는 그거죠. 아이들을 기억하는 의미에서, 내가 가방을 가져갔어도 누군가 와서 놔주길 바랬죠. 근데 우리는 [현장에] 가 있는 부모들이니까 [가방이] 없으면 대체를 할 수가 있잖아요. 그런데 거기 가지 않았던 부모들은 그걸 또 본다면… 또 가슴 아프잖아요. 그런 생각이, 여러 가지 생각들이 복합적으로 들었던 거 같아요. 그런데 사실상 인터뷰를 하면서 이런 얘기를 안 했어, 속 보일까 봐…(웃음). 부모 입장은 다 같은 거 아닌가요? 어느 누구나 같은 마음일 거라 생각이 돼요. 누군가는 내 아이를 기억해 주길 바라는 것이고, 그렇지 않으면 섭섭할 것이고. 아, 또 울려 그러네, 큰일 났네. 이 눈물은 언제나 고쳐지려나….

3
팽목에서의 기억

면담자   진도와 팽목항에서 있었던 일 중에 새로 기억나는 부분이 있으세요?

예슬 아빠   솔직히 말하면요, 나 무슨 얘기했는지도 몰라(웃음). 그래서 얘기는 처음부터, 내려가면서부터 차근차근히 하나하나씩 계속 쭉 이어나가야지. 우리가 여기까지 했으니까 여기서부터 하면 되겠구나, 이게 되는데. 내가 거기서 뭔 얘기를 했지? 얘기를 하다 보면 했던 얘기를 또 할 수도 있을 거라는 생각이 들고. 그래서 겁난다니까요, 중복될까 봐.

면담자   중복되어도 저희가 기억하고 있으니까 걱정 마시고, 그때 장례 치르고 나서 계속 분향소에 나가셨는데….

예슬 아빠   아, 거기까지 얘기했나요? 거기까지 빠진 얘기 많죠. 그 전에 내가 인권 얘기를 좀 했던 거 같아요. 내가 그때 인권 유린을 많이 당했었다고, 그 당시에는 몰랐었다, 어떤 것이 정말 우리가 인권 유린을 당한 것인지 몰랐다고 했는데 돌이켜 보면 많이들 있었던 거 같더라고요. 쉽게 예를 들어서, 우리가 아이 시신을 데리고 올라올 때도 마찬가지고. 그리고 우리는 119 차를 타고 왔거든요. 물론 나하고 예슬이랑 같이 타고 왔다는 말도 했었는데, 사실 그것도 잘못된 거 아닌가요? 그것도 좀 그런 거 같고. 바쁘게 온 사람은 헬기로 오는 사람들도 있는데, 헬기로 오면 빨리 운송이 되니까. 우리는 5시간을 와야 되잖아요. 그때 내가 아이한테서 약간 냄새가 난다는 얘기는, 피가 흘러서 그렇지 않나 생각을 했었는데, 그랬던 거 같아요. 그런 것들도 피해 가족에 대해 국가가 해줄 수 있는 예우가 아니었지 않나 생각이 들어요.

그런 것들이 조목조목 진짜로 짚고 넘어간다면 되게 많겠죠. 근데 지금도 몰라요, 더 어떤 부분들이 그런 것인지 몰라요. 당장에 그 당시에는 이랬던 거 같아요. 그러니까 경황이, 경황이 없었던 거죠. 그냥 [예슬이가] 올라와 줘서 고마우니까, 빨리 올라와 주고 그나마 성한 모습으로 올라와 줘서 고마우니까, '빨리 올라가서 제대로 장례식을 치러줘야 한다'는 그런 생각밖에는 없었던 거 같아요. 그래서 뭐 우리 나름대로, 지난번에 얘기했었던 것처럼 증거인멸, 아이의 사진도 하나 제대로 찍지 못했었고, 부검도 못했었고, 그런 부분들이 너무 급작스럽게 닥친 부분이다 보니 우리가 이것저것 생각을 못 했던 거죠. 처음에 내려갈 때는 사고로 알고 내려갔지만, 시간이 지나서, 돌아와서 이것저것을 다시 확인을 해보니, 이건 참사고 학살이라는, 나름대로 부모들 마음이 결론이 나온 것도 마찬가지잖아요. 우리가 처음부터 '이건 사고가 아니야'라고 판단을 했다면 그렇게들 행동을 안 했겠죠. 더 많은 증거 자료들을 우리가 스스로 남기려고, 만들려고, 찾으려고 했겠죠. 근데 그 당시에는 그런 게 없었잖아요. 뭐가 옳고 그른 것을 판단할 수가 없었으니까. 단지 목적은 내려갈 땐 우리 아이가 살아 있기만을 바라고 있었고, 내려가서 며칠이 지나서부터는 그나마 몸 성히, 부패되기 전에 올라와주길 바랐던 거뿐이었고. 나 역시도 그랬던 마음이었던 거 같아요. 아무리 이성 있게 행동한다고 해도 다른 것들을 생각을 못 했던 거 같아요. 그냥 그 순간에 내가 좀 불편하지 않다 하면 가만히 있었던 거 같고, '이건 아니다, 도저히 이건 아니다, 불편하다'라고 생각했던 것만 얘기를 했던 거 같아요.

예슬 아빠 박종범

근데 우리가 거기서 움직였던 건 그거였죠, "빨리 애들을 구출을 하라"고. 3일이 지나서는 "빨리 아이들 건져내라" 이런 것만 포커스를 맞추다 보니까 다른 것들을 뭐 생각을 못 했던 거 같아요. 그리고 우린 빨리, 그나마 일주일 만에 올라왔기 때문에 그 이상은 잘 모르죠. 일주일 전 상황까지는 알아도, 그 이후는 잘 알 수가 없으니까. 우리는 다이빙벨이 투입되기 전에 올라왔어요. 장례를 치르고 내려가 보니, 그때 다이빙벨이 왔다는 얘기가 들리더라고요. 그래서 그런 줄 알았고 그래요. 그래서 팽목항 상황은 일주일, 참사가 일어나고 일주일 그 내용만 제가 알고 있는 거죠.

면담자   장례 치르고 다시 내려가는 게 쉽진 않잖아요.

예슬 아빠   (한숨) 쉽진 않았죠. 쉽진 않았는데 꼭 가야 되겠더라고요, 그게 사람 살아가는 인간의 도리인 거 같고. 내 자식만, 내 자식이 올라왔다고 모른 척해 버린다면 그것도 아니잖아요. 같이 올라온, 물론 평상시에는 부모들 서로 알지 못했어도 같이 한순간에 아이를 잃은 부모들인데, 어떻게 나 몰라라 해요. 그래서 내려갔던 거죠. 엄마하고 동생하고 그때 같이 내려갔었죠. 오래 있진 못했죠. 1박인가, 2박인가 하고 올라왔어요, 인사만 하고. 참, 그게 또 나의 실수인 거 같은 게 우리는 아이가 올라왔잖아요. 그럼 다른 시각에서 현장을 볼 수 있었을 거 같아요. 그런데 왜 내가 거기서 뒷일을 봐주지 않았을까 생각이 들어요. 그 당시에는 그런 생각을 못 했던 거야. 그런 생각을 못 했던 거야, 그 당시에는. 오히려 실종자라 그러죠, 실종자 가족들보다 우리처럼 장례식을 치른 사람들의 이성적인 판단들이 옳을 수 있거든요. 더 객관적일 수가 있잖아요. 그런데 그런 걸 못 했던 거, 참 아쉽죠.

그런데 아마 실종자 가족에서 유가족이 된 사람들이 거기 내려가서 솔직히 발언권도 많이 없어요. 왜냐하면 뭐 가족이라는 건 알겠죠, 누구 아빠라는 거는 조금씩은 알겠죠. 아는 식이었는데 "당신 딸은 올라갔잖아" 이렇게 얘기하면 우린 할 말이 없어요. 아무리 좋은 제시안을 내놓는다고 해도. 나는 그렇게 하지 못했어요. 그런데 다른 분들은 몇몇 내려가서 그렇게 했던, 그런 경험이 있다는 얘기를 들은 게 있거든요. 우린 내려가도 발언권이 없더라고.

면담자 5월이나 6월 즈음이겠네요?

예슬 아빠 네. 내려가서 좋은 방법들을 제시하고, 우리가 옆에서 서포트 들어갈 거 아닙니까, 사이드에서. 조언들을 들어가지고 제시를 해주면 [실종자] 가족들이 흔쾌히 받아들이지 않는다고 하더라고. 그게 모르죠, 애잔함이, 어떻게 보면 애잔함의 표현이라고도 할 수 있는데. 글쎄요, 객관적으로 봤을 때는 더 이성적인 판단이 더 낫지 않았을까 하는 생각이 들어요. 우리는 물론 아이들이 올라왔지만, 올라왔지만 마음은 똑같거든요. 지금 실종자 9명이 있지만, 솔직히 우리가 그분들보다 애절하지는 못해요, 애절하진 못하죠. 오히려 한편으로 우리는 마음을 놓은 상태죠, 어떻게 보면. 우리는 다 올라오고 장례식도 치렀으니까. 근데 그분들 마음을 우리가 헤아릴 순 없죠, 조금 이해는 되죠. 우리가 절대로 실종자 가족들 무시하고 있는 건 아닌데, 그래서 우리가 지금까지 계속 인양을 요구하고 있고, 물론 진실 규명을 위해서도 인양을 해야 되겠지만, 또 우린 한편으로는 나머지 가족들의 뼛조각 하나라도 찾아주기 위해 다 같이 움직이는 거잖아요. 다 그런 마음이듯이, 그 당시에도 그랬을 거 같아요. 근데 앞뒤가… 이렇게 말주변이 없어요.

면담자   아버님은 [예슬이] 동생과 같이 내려갔다고 그러셨잖아요. 데리고 내려가는 게 쉽지 않았을 거 같은데.

예슬 아빠   처음에 내려갈 때는 얘를 혼자 집에 놔두면 안 될 것 같아서 내려갔던, 같이 동행해서 내려갔던 거 같고요. 당연히 그때는 뭐 살아서 돌아올 것이라고 생각을 했었던 거죠. 그런데 뭐, 이 녀석도 의연하게 잘 버티더라고요. 저는 잘 데리고 내려갔었다고 생각을 해요, 지금 생각해 보면. 물론 두 가지가 있겠죠. 힘들기도 하고, 오히려 또 어떻게 보면 현장을 봤기 때문에, 제 언니의 마지막 모습까지 봤기 때문에 또 나을 수도 있었다고 생각해요. 오히려 안 내려가고 여기 있었다면 개한테는 더 나빴을 거 같아요. 우리가 계속 물어볼 거 아닙니까. 그리고 자기도 얼마나 답답하겠어요. 그리고 장례식 끝나고도 물어봤죠. 그때는 내가 "같이 갈래?" 물어봤죠, 의견을. 혼자 여기 있을 거면, 고모네 집이 옆에 있어요, "고모네 집에 가 있어라" 그러니까 싫다고, 자기도 동행하겠다고 그러더라고요. 그래서 같이 내려간 거죠.

근데(한숨) 올라와서 장례식을 치르고 내려가니까 느낌이 이제 틀리더라니깐요. 왠지 썰렁하다는 느낌이 들고, 그때만 해도 이미 많이 빠져나갔죠. 많이 빠져나간 상태로 정리가 어느 정도 되고 체계가 잡힌 상태죠, 이미. 가족들, 일반인들, 봉사자들이라는 어느 정도 체계가 잡힌 상태라서 그런지 많이 좀 어수선하지는 않는데, 많이 썰렁한 느낌이 들었고. 그게 시간이 지나면 지날수록 그런 현상들이 더 눈에 띄게 보이더라고요.

면담자   예를 들면 어떤?

예슬 아빠   요즘 들어서 뭐, '여기가 진짜 그 현장 맞나?' 그런 생각이 들죠. 썰렁하잖아요. 팽목항 가면 깃발밖에 더 있어요? 진도에 있을 때 진짜 고마웠던 건 우리 국민들이었어요. 봉사자들이 자발적으로 이렇게 많이 내려와 주셨고, 정부에서 국가에서 못하는 것들 [해주시고] 그래서 우리 국민성이 살아 있다고 생각했어요. 정말 고마웠어요. 쉽게 말해서 체육관에 있을 때 자원봉사자들 얘기를 좀 하자면요, 우리 양말 한 켤레를 안 빨아 신었어요. 물론 거의 신지도 않았고, 신어도 한 번 신고 버렸던 거 같애. 그렇게 구호품이 많이 들어왔던 거 같아요, 주더라고요. 쉽게 말해서 어느 부모님은 전혀 식사를 못 하고 누워 있잖아요. 그럼 죽을 가져와서 떠먹여 주기까지 하더라고. 진짜로 와… 난 지금 생각해도 감격스러운 거 같애. 봉사자들 너무 잘했어. 봉사자로 오신 분들은 청소도 다 해 주시고요, 뭐 하나부터 열까지 자기 일처럼 해주시더라고요. 그래서인가, 봉사하러 오신 분들 중에 오래 계신 분들이 있어요, 진도 쪽에. 그분들도 역시 트라우마가 심했대요. 그럴 수밖에 없죠. 계속 현장을 같이 보고 있었는데, 정상적인 게 정말 비정상이지.

4
직장 복귀 그리고 퇴사

·

면담자   아버님, 나중에 장례 치르고 나서 다시 직장에 나가 셨다고 들었어요.

예슬 아빠   복귀를 했었죠, 맨 처음에는. 장례를 치르고 한 달 정도 지났을까, 복귀를 한다고 회사에 전화를 했어요. 회사에서 유 급휴가를 주더라고, 한 달 더 쉬라고. 그래서 맘 편하게 또 한 달 쉬었죠. 그러니까 회사를 안 나간다는 압박 관념은 없어진 거야. 그게 이제 마음 편하다는 표현인데. 그래서 쉬었죠, 쉬고. 근데 안 되겠더라고 나와야지. 나와서 일을 하겠다고 그러니까, 본인이 한 다고 하니까 일을 하라고 그러더라고요. 일을 하다 보니 못 하겠더

81
·
2회차

라고요, 못 하겠더라구. 물론 우리 시내버스 업계가 기사가 많이 딸려요. 그러다 보니 배차를 좀 힘들게 하죠. 원래 하루 일하고 하루 쉬어야 되는데, 그렇지 못해요. 많이 타는 사람은 3일씩 연달아서 타는 경우들도 있고. 나는 하루 타고 하루 쉬는 것도 힘들어서 죽겠더라고. 근데 더 중요한 것은 내가 운전을 하다가, 내가 내 의도는 아니지만 사고를 낼 거 같은 생각이 드는 거야. 그럼 피해자가 또 생기잖아요, 그래서 도저히 안 되겠더라고. 그래서 회사에 얘기를 했죠, 더 쉬어야겠다고. 회사가 또 쉬어라 그래서, 회사에서 나름대로 배려를 해줬어요. 배차도 남들처럼 안 태우고, 좀 편한 노선으로 가서 일을 하기도 하고, 하루 일하고 하루 쉬기도 하고. 그래도 미치겠더라고, 그래서 다시 또 휴가를 냈어요. 진단서를, 정신과를 가서 진단서를 떼서 휴가를 신청을 하니까, 그게 12월 달이었죠(웃음). 다시 쉬시고 복귀를 하실 거냐고 [묻길래], 그때 가봐야 알겠다고 그러니까 그러면 그냥 퇴직하시는 게 안 낫냐고 [하더라고요]. 솔직히 다시 복귀한다는 보장도 없었고, 그래서 그냥 퇴직하게 됐어요.

면담자   사고를 낼 거 같다는 게 어떤….

예슬 아빠   (한숨) 시내버스가 정기 노선을 다니잖아요, 매일 내가 가는 길이 있잖아요. 근데 탈선을 합니다. 탈선이라는 것이 무어냐면 (탁자 위에 표시하며) 이렇게 갔다가 이렇게 가야 되는데 이

예슬 아빠 박종범

렇게 못 가요. 정말 당황스러웠던 건, 여기 교차로가, 사거리 교차로가 있어요. 거기서 좌회전을 해야 돼, 내 코스는. 그런데 내가 이렇게 가다 보면 어디로 가야 될지를 몰라. '어, 여기 어떻게 가야 맞는 거지?' 그럴 때가 한두 번이 아니었어요. 그럴 때는 직진을 해(웃음). 직진을 하고, 원래 우리 □□여객이 신호를 위반을 하는 것을 되게 싫어해, 회사에서. 무조건 지키라고 해. 나도 모르게 신호등 막 지나가 버리고. 그래서 안 되겠더라고. 내가 안전사고 두 번 날 뻔한 게, 운전하면서 내가 브레이크를 확 잡은 것도 아니에요. 살짝 잡았는데 막 사람이, 서 있던 사람들이 막 넘어지고 하는 현상들이 일어나더라고. 자전거가 옆에서 막 쳐버리고. 아, 그래서 '도저히 안 되겠다'[고 생각했죠].

　　그리고 또 울분을, 어느 땐 감정의 기복이 심하다 보니 막 올라갈 때가 있어요. 출근 시간, 지금도 기억나는 건데, 우리가 시장, 안산 도일 쪽에서 나와서 안산역으로 나가는 노선이 있었는데, 거기 안산역을 통과하다 보면 교각이 있잖아요. 거기 고가도로 교각 거기다가 내 차를 박고 싶은 충동이 생겨, 사람들 꽈악 찼는데. '여기다가 확 때려버릴까, 다 죽어버릴까' 이런 생각들이 들더라니까요. 정말 무서운 생각이죠. 나만 죽으면 상관이 없어요. 다른 사람들은 뭔 죄냐고, 다른 사람들은.

면담자　　　　진도에서 같은 데서 일하는 분들 만났다고 하셨는데, 그분들도 다 그만두신 거예요?

예슬 아빠   아니요. 한 분은 지금 다니는 걸로 알고 있어요. 영인이 아빠는 그만뒀고. 한 분만 다니는 걸로 알고 있는데, 지금도 다니는지는 모르겠어요. 하여튼 내가 그만둘 때는 다녔어요. 자기는 계속 다니시더라고.

면담자   아무래도 서로 같은 일을 하니까 직장 다니면서 따로 얘기하지는 않으셨어요?

예슬 아빠   우리가 서로 노선이 다르고 그래서 못 만나요. 저는 오이도 영업소에 있었고, 그분은 본사 쪽에 있었고. 그래서 못 만나요. 일부러 만날 약속을 해야지만 만날 수가 있어요. 그리고 업무 시간에는, 일할 때는 못 만나고. 같은 노선, 겹치는 노선이라면 지나다니면서 만나겠죠. 전혀 그런 게 없었어요. 그래서 다시는 시내버스 들어가라고 하면 못할 거 같애, 자신이 없어. 왜냐면 그때는 그래도 그나마 시내버스 운전을 들어가면 아이들 학자금이나 이런 것들이 보장이 됐어요. 일반 공단에 생산직으로 들어가는 것보다 나았고, 내가 특별한 기술이 없다 보니까, 그나마 자신 있는 게 운전이다 보니까 시내버스를 들어가게 됐거든요. 이제는 그렇게 내가 해야 될 필요성을 못 느끼겠고, 하고 싶지도 않고. 그리고 시내버스 업계 지금 상태도 썩 좋은 상태는 아니에요. 우리 기사들 입장에서 보면 최악의 경우죠, 최악의 경우, 그런 조건에서. 시내버스 기사가 졸음운전을 할 수 있다는 게, 이게 이해가 가십니까? 난 절대로 이해 못했어요, 예전에는 내가 경험하기 전에는. 그런데 이제는 이해가 가요. 잠을 못 자니까 졸음운전을 할 수밖에 없는 거죠, 피곤하니까. 몇 시간 일하는 줄 아세요, 시내버스 기사들이? 최소한 [하루에] 15시간 일해요.

면담자   3일 내내 하면 정말 힘들겠어요.

예술 아빠   3일 내내, 잠이나 제대로 자면 괜찮죠. 제가 삼일, 이틀, 막 대부분 이틀씩 타니까. 더블로 타는 날은 많이 자면 4시간 자고 나가야 돼요. 집에 들어오면 거의 [밤] 12시, 1시 됩니다. 그럼 새벽 4시 되면 나와야 돼요, 집에서 출발을 해야 돼요. 그럼 3시, 4시… 어쩔 땐 씻고 자고 일어나다 보면 2시간, 3시간이야. 그럼 잠깐 눈 붙였다가 일어나 또 나가야 되는 거예요. 이게 사고에 노출되어 있는 거지 뭐야.

면담자   고3 수험생보다 강도가 더 센데요?

예술 아빠   말도 못 해요. 거의 막 첫 타임은 정신을 차리고 운전을 하죠, 출근시간 딱 끝날 때까지는. 그때는 승객들도 많고 하니까. 낮 시간 때 가면 졸리기 시작하죠, 당연히. 그럼 꾸벅꾸벅 졸아(웃음). 시내버스 기사가 꾸벅꾸벅 졸면서 운전한다니까. 못 해, 정말 그런 조건들이 계속 연장된다면.

5

최근 활동과 새로운 직장생활

면담자   이후에 계속 활동에 참여하시게 된 계기들이 궁금한데요?

예슬 아빠   활동을, 물론 쉬고 있으니까 참여를 했던 거죠. 난 남의 일이 아니라 내 일이잖아요. 그런데 내가 빠질 수는 없는 거죠. 난 그런 생각이 있어요, 처음부터. 남의 일이 아니라 내 일인데, 내가 앞장서지 않고, 내가 솔선수범하지 않는다면 누가 우리를 따라줄 것이냐, 국민들에게 무슨 호응을 받을 수 있을 것이냐, 그런 생각이 있었죠. 그래서 난 빠지기가 싫었어요. 대신 일을 할 때, 알바를 하거나 직장을 나갈 때는 어쩔 수 없잖아요, 피치 못할 사정이 있을 때는. 그렇지 않고서는 나는 내가 이렇게 쉬고 있으면 계속 움직입니다. 그렇다고 내가 어디 반 대표를 한다던가, 어디 분과장을 한다던가 이런 건 못하고. 그런 걸 못하는 이유가 뭐냐면 내가 여기서만 계속 매달릴 수 없기 때문에, 난 솔직히 못 한다고 하는 거예요. 때로는 가서 현장에서 알바도 해야 되고, 생계를 좀 책임지면서 해야 되다 보니. 거기는 나처럼 이렇게 왔다 갔다 하면서는 할 수 없는 거잖아요. 계속 꾸준하게 가야지만 되는데, 맥이 끊기지 않는데. 그러다 보니까 이런 집회라는 이런 데, 단체 행동들, 이런 때만 참석할 수밖에 없는 거죠.

면담자   지난번 연락드렸을 때 2, 3주 동안 지방에 계시면서 가족들과 떨어져 지내시던데….

예슬 아빠   아, 그게 싫어요, 이제. 예전에는 출장 가는 게 좋았었어요, 예전에는. 그런데 이제는 출장 가는 게 싫어요, 지방 가는 게. 그리고 오래 가는 게 싫더라고, 요즘에는. 차라리 집에서, 좀 덜 벌더라도 가족들하고 같이 있는 게 나은 것 같아요. 그래서 내가 이번 주도 쉬는 거예요, 사실은. 이 핑계 저 핑계 대고, 그러니까 쉬라고, 그래서 쉬고 있는 거예요, 이번 주. 원래 서산을 내려가야 되거든요. 가면 일주일에 주말이나 올라올까 말깐데, 그게 싫어 가지고. 이것도 그만둬야겠어요, 알바도.

면담자   서산에서 어떤 일을 하시는지 여쭤도 될까요?

예슬 아빠   우리가 하는 일은, 지방을 가는 이유가 우린 공사 현장을 가요. 자동차 전기 쪽, 자동차 전기 라인 있죠? 자동차 라인에 전기설비를 하는 그런 거거든요. 힘든 일은 아닌데, 일은 좋고 나쁜 걸 떠나서, 아유, 난 지방을 가는 게 싫어요. 그래서 많이 비워요, 안산을. 난 싫더라고. 그리고 아직도 국민들이 세월호 진실에 대해서 모르고 있잖아요. 왜곡되고 있고 그러고 있기 때문에 나는 이걸 알리는 데, 알려서 언젠가는 밝혀지게끔 그런 행동을 하고 싶다고 사실은. 지금 회사를 가서 일을 하거나 그런 데 가 있으면 답답해요, 미쳐버려요. 거기는 솔직히 세월호에 관심도 없는 사람들, 같이 일하는 사람들 중에 관심 없는 사람들이 태반이에요. 난 가면 친구가 하나도 없어요, 얘기할 상대도 없는 거야. 얘기하기도 싫어요. 저녁에 일이 끝나고 식사를 하고 술을 한 잔씩 하지 않습니까? 그럼 나는 그냥 와버려요, 숙소로 와버려요. 혼자 간다고. 대화 상대가 안 되는데, 지금 내 머릿속엔 다른 게 들어와 있는데, 애들은 무슨 이상한 얘기들을 해버리니 나하고 막 매치가 안 되잖아요. 도저히 못 견디겠더라구, 그래서 그냥 와버려요. 거기서 내가 나이가 제일 많아요, 팀 중에서, 우리 팀 중에서. 그래도 가끔씩, 어쩌다 한 번씩 정계 정치 얘기들, 세상 돌아가는 이야기들이 조금조금씩 나와요. 그럼 실망감이 너무 커져. 〈비공개〉

면담자   실망감은 어떤….

예슬 아빠   엉뚱하게, 엉뚱한 생각들을 하고 있으니깐요. 모르죠, 내가 원하는 대답이 아니라서 그런지는 몰라도, 너무 모르고 있는 거죠. 관심이 없는 거야, 세상살이에. 세상 돌아가는 거에 너무 관심들이 없더라고요. 무슨 대화를 해요, 진짜. 자기들이 조금, 요즘 스마트폰 시대 아닙니까, 그러면 얼마든지 자기들이 뒤져볼 수 있잖아요. 그런데 그런 거에는 관심들이 별로 없는가 보더라고. 대화를 하면 대화가 안 되는 거죠.

예슬 아빠 박종범

면담자   2, 3주 나갔다가 안산에 오시면 느낌이 다를 거 같아요.

예슬 아빠   낯설죠, 낯설어요. 오면 분향소도 마음대로 못 나온
다니깐요. 반겨주는 사람들도 없을 것 같고, 썰렁하고 막 그러니까
(웃음). 매일 안산에 있어서 왔다 갔다 하면 그런 거 못 느끼는데,
이렇게 어디 지방에 갔다가 오면 되게 썰렁해요. 낯설어요, 감이
떨어져서(웃음). 똑같은 거 같애.

면담자   그래도 반겨주실 거 같은데요.

예슬 아빠   그렇죠. 내 생각이죠, 혼자 생각이죠. 낯설고, 아무
도 없으면 썰렁하고, '이씨, 내가 여길 왜 왔지' 이런 생각이 들고.

6
세월호특별법 싸움, 대리기사 폭행사건

면담자   초기에 3반이 청운동에 있었나요, 아니면 국회에?

예슬 아빠   우린 국회에 있었죠. 국회에 있다가… 우린 청운동
엔 안 올라갔어요. 거긴 7반인가 8반 엄마들이 먼저 올라갔죠. 그
래서 우리는 지원사격만 했죠, 가끔씩. 거기가 주도하고, 거기 계
속 있지는 않았고.

면담자   국회 계실 때 기억나는 일은?

예슬 아빠   너무 많아 가지고 생각이 안 나는데. 너무 많으니까 생각이 안 나, 미치겠어(웃음).

면담자   다들 비슷하신 거 같아요. 올해 얘기는 다들 기억이 나는데, 작년 얘기는 기억이 안 나신다고.

예슬 아빠   그럼 기억나는 것부터 하나하나 얘기해 볼까요? 머리털 나고 국회에 처음 들어가 봤죠. 국회에 갈 일이 없었으니까.

면담자   6월이었나요, 그때가?

예슬 아빠   하여튼 여름이었어요. 여름 되기 전에서부터 여름 끝날 때까지 있었으니까. 119일인가 있었죠, 우리가 국회에서? 그렇게 지금까지 국회에서 농성을 했던 곳이 없었다고 그러더라고요.

면담자   농성 때 처음 가셨던 건가요?

예슬 아빠   처음부터 들어갔었죠. 처음에 [국회] 올라갈 때부터 갔죠, 국회를. 솔직히 계속 있지는 않고 집에도 왔다 갔다 그랬죠.

면담자   아무래도 그럴 수밖에 없으셨죠.

예슬 아빠   거기서 제일 끝에 느꼈던 게 뭐냐면, 우리가 국회 들어가고. 아, 이것도 날짜가 헷갈리네. 그때 거기서 국회의원들이 청문회[세월호 국정조사]인가 했죠. 청문회인가 뭔가를 했어, 청문회

였나? 하여튼 세월호 관련해서 뭘 했었어요.

면담자   아, 불러가지고?

예슬 아빠   거기서 나는 와아, 그때부터 들어갔을 때 막 뵈더라고, 내가 아는 국회의원들이 아니야. 다 이상해, 사람들이. 특히 여당 애들은. 그리고 정말 내가 기절초풍하게 느낀 거는, 국회에 들어가면 식당이 여러 곳이 있어요. 국회의원들이 먹는 식당이 따로 있더라고요. 그때 거기를 가봤어. 어떻게 거기서 밥을 먹게 됐어. 놀란 게 뭐냐면 놋쇠 그릇이에요, 다.

면담자   놋쇠 그릇이요?

예슬 아빠   네. 밥하고 국그릇하고 반찬그릇까지 다 놋쇠 그릇이에요, 수저까지 다.

면담자   관리하기 힘들겠는데요.

예슬 아빠   와, 난 놀랐다니까요. '이래서 국회의원 하려고 그러나?' 왜 대부분 사기그릇도 좋잖아요. 그냥 다 놋쇠라니까요, 무거운 거 있잖아. 놀라버렸다니까요. "이래서 국회의원하려고 그러나 보다" 했더니만, 옆에 있는 기자가, 어느 기잔지는 모르겠는데 "아버님 모르셨어요?" 그러기에 진짜 몰랐다고. "아버님, 국회의원들은 비행기도 공짜로 타고 다녀요" 이러는 거야, 옆에서. "에에? 뭔 소리냐"고. "자기들은 어디 나갈 때 자기들 돈으로는 안 타고 다닌다면서요". 어떻게 다 이렇게 저렇게 빼가지고 타고 다닌다고 그러는 얘기를 하더라고, 그거는 정말 놀랐고. 법을 만드는 사람들이 법을 지키지를 않으면서 자기 당리당략이라 하나 거기에만 매달리는 의원들을 봤을 때 참 실망감이 컸죠. '아, 내가 지금까지 대한민국 국민으로서 너무 무관심했던 게 아닌가, 정치에 너무 무관심했던 게 아닌가' 하는 마음이 들더라고요.

면담자 　　　국정조사 과정에서 놀랐다고 하신 부분은 뭐였을까요?

예슬 아빠 　　　정확하게 기억하지는 못하지만, 조원진인가 걔도 그랬었고… 내가 기억하고 싶었던 사람들, 이름을 기억을 잘 안 해가지고(웃음). 적어놓고….

면담자 　　　잊고 싶은 이름이셨던 거 아니에요?(웃음)

예슬 아빠 　　　이완구. 아, 처음에 올라갔던 이완구 그리고 또 누구죠? 김재원이. 이들한테 실망이 컸죠. 우리가 처음 국회에 올라갔을 때, 아, 명칭도 모르겠네. 국회의원 회관, 의원회관이 있어요. 거기 큰 강당에다 우리보고 있으라고 그러더라고. 맨 처음에 첫날 거기 있었어요.

면담자 　　　그때는 세월호국정조사를 요구하러 가신거죠?

예슬 아빠 　　　그랬던 거 같아. 내 기억 속엔 뭘 요구하려고 갔는데, 그랬던 거 같아요. 그래서 들어갔던 거죠. 그래서 들어가서 조원진이, 아니 김재원이 하고 이완구 걔, 그분들 때문에 아주 돌아버렸죠. 그래서 거기서 하룻밤을 새웠던 거 같아요. 이완구는 역시 총리가 되어서도 결국엔 쫓겨났잖아요. 당연한 거, 당연히 그렇게 됐어야 되는 사람이지. 그분 역시도 있잖아요, 박근혜랑 똑같은 게 뭐냐면 말로는, 우리 앞에서는 말로는 다 해준다고 그래요. 뒤에 가면 또 다른 생각을 하고 있으면서. 그러니까 내가 지금 말고, 국회에서 느꼈던 점이 뭐냐면, 국회의원 아무도 믿을 놈이 없다는 거지, 아무도 믿을 놈이 없었다는 거. 자기들 이익에 의하여, 자기들 어떠한 의원직 연장에만 연연하는 거 같아요. 인기에만 연연하는 거 같아요, 그런 느낌을 받았어요.

내가 정말 국회 가서 또 한 명 인간다운 모습을 본 의원이 누구냐면 김현 의원이에요. 김현 의원은 지금 안산에 내려왔거든요, 지역구로 나간다고. 다른 사람들은 어떻게 생각할지 몰라도, 내가 본 김현 의원은 정말 인간적이었어요. 의원이라기보다는 사람으로서, 사람으로 보이더라고요. 그런 것 같았어요. 그게 정말 하기 힘든 행동들을 많이 했죠. 거의 우리하고 많이 있었어요. 매일같이 밤마다 집에를 안 가. 집에 가시라 해도 안 가. 가족들이랑 있는 게 더 낫대, 자기는 편하대. 결국은 나중에 대리기사 폭행사건에 연루돼서 그렇게 됐는데, 그 대리기사 폭행 사건도 정확한 진실 알고 계세요? 정확하게는 대리기사[를] 폭행한 게 아니잖아요. 그게 김현 의원을 죽이려고 하는 변호사가 대동이 돼서 그 사건이 더 확산이 된 거죠. 〈비공개〉 소송을 하게 되고 그런 거죠. 사실 대리기사는 우리 가족들한테 맞은 것도 없어요.

면담자   가족들에게 맞았다고 나오고 있잖아요?

예슬 아빠   그러니까 기사가 그렇게 된 거 아닙니까. 그리고 대리기사 진술이 아닌 거 같더라고요, 그분들 이야기 들어보면. 대리기사 옆에서 끼어들은 사람들이 있어요. 〈비공개〉 대리기사는 너무 시간이 '딜레이'가 됐으니 추가 요금을 달라고 요구를 했다는 이야기예요. 그거는 당연히 주면 되는 거 아닙니까, 당연히 준다고 했대요. 사실은 주겠다고 했대요, 그냥 가면 되는 거잖아요. 그래서 일이 불거졌다고 그러더라고, 옆의 애들이 끼어들어서 "와 국회의원이다", [그러니까] 이제 보좌관이 그랬나 봐, "너 의원한테 그럴 수 있습니까" 그렇게 나왔는데, 그걸 뻬어가지고 옆의 사람들이 확산을 시켜버린 거야, 옆의 사람들이. 그게 불거졌다고 그러더라고.

면담자   관련 소송이 계속 진행되고 있지 않나요?

예슬 아빠   아직 안 끝났어요. 왜 안 끝났겠습니까? 잠재우려고, 잡아놓으려고 재판을 끝내질 않는 거 같아. 피해자 측, 대리기사 자기도 빨리 끝내고 싶대요. 변호사가 안 끝내는 거야, 끄는 거지.

면담자   지금 소송 관련된 분들 이야기로 들으신 거죠?

예슬 아빠 박종범

예슬 아빠   하고 있는 거지. 아직 진행 중이라고 알고 있어요. 그리고 또 한 가지가 뭐더라? 내가 들은 바로는 그렇더라고요. 그리고 더 중요한 것은 김현 의원하고 우리 집행부 몇몇 분들하고 왜 그 앞에서 식사를 하고 술을 먹었냐, 그게 더 중요한 거 아닙니까? 그날이 어떤 날인지가 중요한 거야, 사실은. 이 사람들이 왜 술을 먹었냐. 이 사람들이 의원이라고 같이 술을 먹은 게 아니라고. 내가 얘기했잖아요, 내가 국회에서 의원 중에 사람으로 본 사람은 김현 의원이었다고. 그렇게 인간적인 사람이다 보니, 그날[2014년 9월 16일]이 대통령 담화문[국무회의 발언] 나온 날 아닙니까. 속이 무지 상한 거야, 우리는. 〈비공개〉

면담자   그럼 국회에서 그날 그 담화문 보셨어요?

예슬 아빠   아뇨, 난 인터넷으로 봤어요. 근데 그날 저녁에 가족들을 그냥 내려보내기 뭐하니까 김현 의원이 "식사라도 하고 갑시다", 인간적으로 밥을 먹다 보면 소주 한잔 먹을 거 아닙니까. 그랬던 건데 그런 과정들은 다 빼버리고 의원이라는 사람이 가족들이랑 술이나 마시고… 왜곡되기만 하잖아요, 개새끼들, 나쁜 놈.

7

도보 순례, 간담회

면담자   최근의 일들에 대해 좀 여쭙겠습니다. 팽목으로 도보할 때 참여하셨습니까?

예슬 아빠   도보는 했어도 별로 기억은 안 나는데. 기억을 하나하나 끄집어낸다면, 내가 느낀 거부터 얘기할게요. 첫날 내려갔을 때부터 지역을 내려가면서 접했던 시민들 모습들, 그런 게 가장 많이 생각이 나고. 처음에는 나도 완주를 할 수 있을까 그런 걱정을 했었죠. 왜냐하면 길잖아요. 매일같이 걸어야 되는데, 그런 생각을 처음에 가졌었어요. 저는 첫날부터 물집이 잡혔어요. 우리가 첫날 밤에 수원 가서 잤는데, 신발을 잘못 신어서 그런지 그때부터 물집이 잡혀서 첫날부터 고생을 했어요.

면담자   통증이 심하셨죠? 저는 도보 순례는 아니고 대학 때 국토대장정 다녀온 적이 있는데.

예슬 아빠   그렇죠, 똑같은 거죠. 못 걷잖아요. 미쳐버리는 거죠.

면담자   물집 잡힌 사람들이 제일 괴롭죠.

예슬 아빠   근데 나는 한 번도 차 탄 적이 없어, 끝까지 갔어요. 나중에는 물집이 군살이 되더라고. 신발을 바꿨죠. 사흘 동안 그

신발을 신었어요. 사흘 동안 진짜 되게 아팠거든요. 사실 제일 힘든 시간이 그 시간이었는데, 발이 아파서, 이겨내기가 진짜 고통스러워서, 다른 생각이 아무 것도 안 들었어, 발이 아프다는 생각밖에. 근데 나중이 되니까 당연히 걸어야 되는 거라고 인식이 되더라고, 내 마음속에. 아침에 일어나면 당연히 걸어야 돼. 차를 타기가 싫은 거야. 차가 옆에 와서, 아픈 환자가 있으면 차가 와서 타라고 그래요. 근데 난 싫다고, 안 탄다고, 타기 싫다고.

면담자   안 타신 이유가?

예술 아빠   내 의지가 깨지는 느낌도 들고, 타기 싫더라고. 그래서 난 안 탔어요. 계속 걸었죠, 그런 마음들. 마지막이 하이라이트, 마지막 날이었죠. 우리가 마지막 날은 진도에서 자고 [다음 날] 거의 오후 3, 4시쯤 팽목항에 도착했잖아요. 마지막에 사람들이 얼마나 좀 와줬을까… 그런 생각을 했었죠. 근데 상상 외로 많이 오셨어요, 와, 감동이었어요. 거기서 한 말도 기억이 나요. 우리가, 전 참가자들이 단상 위로 올라서 한마디씩 인사말 정도를 했는데, 난 그 말을 했던 거 같아요. "국회에 있는 국회의원들보다, 청와대에 있는 대통령보다, 여기에 오신 여러분들이 더 자랑스럽고 위대하다고 생각한다. 고맙다"고, 그런 말 했던 거 같아. 진짜 그렇게 느꼈어요. 국회에 있는 의원들? 청와대에 있는 대통령? 거짓말쟁이잖아요. 그 사람들 자기 이익을 위해서, 본인들의 그 자리 유지를 위해서만 정치하는 걸로만 느껴졌고. 정말 거기에 있는 분들은, 거기에 모였던 분들은 남의 의견이 아니라 자기 스스로 오셨던 분들이 잖아요. 저는 정말 그분들이 더 위대해 보였다니까요, 우리보다 더 위대해 보이는 거예요. 우리야 부모로서 당연히 와서 해야 될 일을 했던 거고 호소하기 위해서 걸었던 건데, 거기 오신 분들은 쉬운 걸음은 아니잖아요. 다들 멀리서 그렇게 오셔서… 위대하게 느껴지더라고, 어느 누구보다. "정말 존경스럽다"라는 말을 계속 했던 거 같아. 실제로 존경스러웠으니까. 하나하나 진짜 손을 잡아주고 싶고, 오히려 내가 그분들, 우리는 그분들 보면서 위로를 받아요.

그래서 간담회를 가는 거야. 간담회도 가면요, 제가 많이 다니지는 않았는데 그런 데를 가면, 그분들하고 대화를 하다 보면 내 스스로 위로를 받아요. 이런 게 있는 거 같아요. 우리들 같은 이렇게 한 맺힌 사람들은 누군가 우리 얘기를 들어주는 것만 해도 고마워, 사실은. 자꾸 하고 싶은 거예요. 그게 어떻게 보면 알린다는 목적도 있지만 내 속에 있는 걸 자꾸 끌어내고 싶은 거야. 그러면 좀 편해져요, 마음이. 오히려 난 그게 더 힐링이 되더라고. 그런 계기로 좀 간담회를, 솔직히 땜빵으로 많이 다녔어요. 갈 사람이 빵꾸를 낸다던가. SNS 보고 알았다고, 내가 간다고 그런 경우도 있었고.

면담자   어느 간담회가 기억에 남으세요?

예슬 아빠   여기 생협, 안산에 있는 생협 간담회. 세 번인가, 두 번 갔었나? 거기서 내가 해경 얘기를 한 번 했어요. 거긴 카메라도 없고 기자들도 없으니까 허심탄회하게 해선 안 될 얘기들을 했죠. 다행히도 새어나가지는 않더라고요, 그 말들이. 나도 4·16 참사를 겪으면서 알았던 내용들이죠, 해경에 대해서. 해경과 육경의 차이점이 무엇인가, 그리고 해경은 도대체 우리가 알고 있던 해경이 아니더라는 얘기를 했죠. 내가 보고 느낀 얘기. 어떤 얘기를 했냐면, 정말 내 다시는 입에서 뱉기 싫은 말, "해경은 바다에 빠진 사람들을 구조하지 않는다"라는 얘기를 들었어요. 그런데 이런 얘기를 함부로 하면 안 되잖아요. 왜냐하면 누구한테 들었는지를 정확하게 알고 있어야만 얘기를 할 수 있는 거지, 내가 빠져나갈 길이 있으니까. 엊그제 얘길 했을 걸요? 제종길 시장하고 모 국회의원하고 경북에서 내려온 민간 잠수부 다섯 분과 같이 배를 탄 적이 있다, 17일 날 낮 두 번째 배를 탄 적이 있다. 그때 탔던 분들 중에 지역주민이 있었어요. 〈비공개〉

　　그래서 내가 이런 얘기를 했습니다, 육경과 해경의 차이점. 우리나라 바다를 나가려면 해경의 허락 없이는 절대 들어갈 수 없습니다. 해수욕장에서 수영을 하는 건 상관없잖아요? 배를 타고 나간다면 무조건 해경에다 신고를 해야 돼요, 그런 거예요. 그게 뭐냐, 어선들도 해경한테 잘못 보이면 조업을 못해요, 바다를 나갈 수가 없어. 그래서 조업 나갈 때, 출항을 할 때 신고를 하잖아요. 그런데 신고 허가가 안 나는데 어떻게 나가. 그러니까 자기들 목소리를 못 내는 거야, 어민들도. 그러니까 세상에 드러나지 않는 거야, 이런 내용들이. 우리가 아는 해경이 어떻습니까? 맨날 뉴스 이런 데서 보면 불법 어선들이 들어오면 단속하고 힘들게 일하는 것만 봤잖아요, 사실상. 그래서 해경들은 좋은 사람들이라고만 생각했잖아요. 그런데 그렇지 않잖아요, 그렇지 않더란 말이죠. 그러다 보니 "우리가 아는 해경들과 내가 본 해경은 다르더라" 그런 얘기들을 했어요, 생협에서.

그리고 〈다이빙벨〉 간담회 갔던 거. 광주하고 전주, 내가 두 군데를 갔었는데 그게 같이 잡혔어요, 스케줄이. 솔직한 얘기로 저도 예전에는 전라도 사람들에게 인식이 별로 좋은 인식은 아니었었어요. 왜 저 사람들이 저렇게 변할 수밖에 없었는가는 깊숙이 생각을 안 해봤죠. 그런데 내가 이 참사를 겪고 각 지역에 있는 사람들을 만나보고 하면서 인제, 광주 사람들을 만나보고 하니까 이해가 가는 게 있어요. 뭐냐면 그분들은 우리보다 더 큰 아픔을 먼저 겪었잖아요, 5·18이라는 어마어마한 사건을 겪었잖아요. 그리고 얼마만에 진실이 밝혀졌어요, 그것도. 거의 한 20년 됐죠? 그러니까 그동안 얼마나 억울했겠어요. 그러니까 그럴 수밖에 없는 거죠. 광주 사람들, 시민들의 시민성이 그럴 수밖에 없다고 나도….

그런데 내가 그분들 간담회 가서 느꼈던 거는, 어느 목사님이었을 거야, "세월호 참사를 어떻게 생각하시냐"라고 물었더니 본인은 학살이라고 생각한다고 얘기하시더라고요. 그런데 우리 입에서는 학살이라는 말을 못 하잖아요, 감히. 참사라는 표현을 해요. 당연히 간담회에서도 참사라고 얘기를 했는데, 우리가 참사라고 얘기를 하면 그 사람들은 "아닙니다, 예슬 아빠. 그건 학살입니다"라고, 그런 내용들을 얘기하고. 아, 되게 적극적이세요, 질문도 그분들은 적극적이세요. 그만큼 관심이 많다는 거죠. 다른 지역에 가서 간담회를 하면요, 질문들 많이 안 들어와요. 그리고 가족들을 만나서 얘기한다는 거 자체가 힘든가 봐. '내가 저 사람들한테 뭔 얘기를 해줘? 어떻게 위로를 해주지?' 그런 생각들만 하지. 그런 느낌을 받는데, 광주나 이쪽 전라도 분들은 그런 느낌이 아니에요. 정말 딱 질문을 받아보면 알잖아요. 저 사람들이 얼만치 알고 있고, 얼만치 관심을 가지고 있는지를 알아볼 수 있는데, 되게 진취적이에요.

면담자   그런데 아버님, 좀 전에 학살이라고 우리가 먼저 얘기하기 어렵다고 하셨는데, 이유가 뭐죠?

예슬 아빠   이유라… 있죠. 우리는 피해자 당사자들이기 때문에 말 한마디 한마디 이런 것들을 조심히 해야 돼요, 공개적인 자리에서는 특히. 심지어 유경근 집행위원장, 예은이 아빠 같은 경우에도 고소를 몇 번 당했잖아요. 우리는 간담회나 공식적인 자리에 가서는 사실이 아닌 것을 가지고 얘기할 수 없는 거예요, 얘기 못하는 거예요. 또한 남한테 들은 얘기만 가지고도 얘기할 수 없어요. 사실이 확실하거나 우리가 직접 본 거는 상관없다고 그러더라고. 그런 건 고발이 돼도 충분히 커버할 수 있다고. 대신 남한테서 들은 얘기를 옮기는 건 안 된다, 그건 고발의 대상이 될 수 있다고 그러더라고. 그래서 많이 그러는 거지, 내가 직접 보고 그런 것들은 어디 가서도 얘기할 수 있는데. 학살이라는 건 그렇잖아요, 학살을 얘기하려면 그것에 대한 증거나 자료를 다 가지고 있어야 되잖아요. 그래야 내가 반발할 수 있을 거 아닙니까. 물론 변호사들이 도움을 주겠죠, 그래도 그런 표현을 못 하겠더라고.

그리고 너무 비참하잖아요, 학살이라고 그러면. 내 스스로가, 피해자인 내 스스로가 "우리 아이는 학살입니다"라고 얘기하는 게 너무 비참하잖아요. 그러니까 고마운 거죠, 저 분이 학살이라고 표현을 해주니까. 들으면서 우리 입으로는 못하는 얘기를 저분이 해주시니까 너무 고마운 거죠. 저 분이 해주시고, 거기 안의 자리에 있었던 분들은 다들 그렇게 생각하고 있잖아요. 또 그것도 설명을 하더라니까. "나는 이래서 학살이라고 생각합니다!" 우리는 속이 시원하죠. 내가 못 하는 얘기를 하고 있으니까.

면담자   간담회 다닐 때 미리 발언의 수위에 대해 이야기하고 가시는 건가요?

예슬 아빠   아니요, 이야기된 거는 없어요. 처음에 간담회를 다닐 때 자기 주관적인 생각이 많았죠. 자기가 보고 들은 얘기만 하는 거야. 그간 언론이 왜곡되어 있다 보니 모르더라고요, 모르는 분들이 많아요. 우리가 간담회 가서 한 30분 정도만 얘기해도, 정말이냐고 그런 질문들이 막 들어와요. 그분들이 어떻게 알고 있었길래 우리한테 정말이냐고 얘기할 수가 있겠어요. 그러니까 우리 가족들이 간담회를 적극적으로 무지 많이 다니려고 하는 거죠. 그래 가지고 간담회 때문에 연대가 더 많이 결성됐어요.

간담회 가서 우리가 얼굴을 한 분 한 분 뵙잖아요. 우리는 그분들 얼굴을 잊어버릴 수 있어요, 기억을 못 해요. 그런데 그분들은 우리를 절대로 잊어버리지 않아요. 그러니까 어딜 가서 만나도 꼭 찾아와요, 누구 아빠라고, 어디서 봤다고. 그래서 우리가 간담회 끈을 못 놓겠더라고, 계속 이어가려고 하죠. 오늘은 학생들이 왔잖아요. 이렇게 오면 또 간담회를 하는 거예요. 오늘은 영만 엄마가 하고 계시는데, 저런 식으로 하는 거예요. 가족들의 얘기를 직접적으로, 간담회를 통해서 들었던 분들은 절대로 안 잊어버려. 그래서 이 간담회가 중요하다고 그러는 거예요. 우리가 거짓말 안 하잖아요, 사실 그대로만 얘기하잖아요. 그렇다고 왜곡시키는 것도 아니고. 하여튼 간담회 다니는 건 알리자는 목적, 그리고 나는 내 나름대로 힐링이 되고. 이런 사람들 만나면서 속 시원히 내 가슴에 있는 얘기들을 하고, 어떤 때는 욕도 하고 그러다 보니 또 힐링이

103

2회차

되더라고요. 그리고 끝나면 소주도 한 잔씩 꼭 먹고 가래, 밥을 먹으면서. 그렇게 하면 또 못 했던 얘기도 나올 수 있잖아요. 그러다 보니 난 그런 게 좋더라고, 만나서 얘기하는 거. 우리 이야기를 들어주고, 같이 동참해 주고, 같이 어울리는 게 좋더라고.

8
캐나다 간담회 경험과 언론 문제점

면담자　　　간담회는 저 멀리 캐나다에서도 있었잖아요. 이렇게 사진에 도언 어머니와 계신데, 두 분 다 머리가 길어요.

예슬 아빠　　　캐나다 갔었죠. 도보 끝나고 오니까 캐나다에서 두 번이나 요청이 왔대요. 원래 미국이 먼저 들어왔었고, 미국에서 캐나다까지 연결하려고 일정을 잡았는데, 너무 벅차다 해서 캐나다만 따로 자기들이 요청을 한 거예요, 나중에. 완주한 사람들 위주로 보내자 해가지고, 엄마 한 명, 아빠 한 명 보내자 해서, 도언 엄마랑 내가 가게 된 거죠, 같은 반이고 하니까. 그리고 우리 아빠들이 여섯 명밖에 안 돼요, 도보 완주한 분들이. 그중에 우리 반에 세 분이 계시거든요, 은지 아빠하고, 소연 아빠하고, 나하고. 다른 반에서는 완주한 아빠들이 두세 명 있는 데가 별로 없어요. 그래서 우리가 가게 된 거죠.

면담자   3반이 전반적으로 참석률이 좋으셨네요.

예슬 아빠   네, 처음부터 많이 적극적이었어요.

면담자   왜 그랬을까요?

예슬 아빠   그건 나도 모르겠어요, 지금까지도 좀 많이 적극적이죠. 3반을 다른 반들이 많이 부러워해요. 단합도 잘된다 그러고. 우리 아이들이요, 우리 3반 아이들이 되게…, 내 우리 딸내미 얘기를 좀 할까요? 우리 딸내미가 1학년 땐 9반이었어요. 2학년 때는 3반이었는데, 9반에서 같이 올라간 친구들이 몇 명 있어요, 몇몇이. 그리고 얘들이 학년을 올라가서 한 달 만에 다 친해졌다고 그러더라고, 그런 자랑을 집에 와서 한 적이 있었어요. "아빠, 우리 반을 다른 반 애들이 부러워한대. 되게 빨리 친해졌고, 너무 사이들이 다 좋다고" 그런 얘기를 하더라고요.

면담자   여자아이들은 끼리끼리 노는 경우가 있어서 걱정하잖아요. 얘들이 그런 것도 없이….

예슬 아빠   네, 지들끼리 엄청시리 몰려다녔어요. 이게 이런 일이 있어서 그렇게 느껴지는지 몰라도, 하여튼 친구들끼리 엄청 몰려다녔던 거 같아요. 예슬이가 나한테 이런 걸 물어본 적이 있어요, 아빠는 친구가 몇 년 지기 친구냐고. 나는 초등학교 친구가 지금까지도 되게 많거든요.

"아빠 40년 지기들이 많지, 대부분 고향 친구들이 많으니까, 사회 친구들보다는 고향 친구들하고 계속 유지가 되니까" 그러니까 대단하다고 그랬어요. 그래서 "친구들이 그 정도는 돼야 진정한 친구 아니냐" 그런 식으로 농담을 한 적이 있죠. 그래서 예슬이가 그 녀석들한테 인기가 좋았어요. 솔직히 내 딸 자랑이 아니라 우리 예슬이가 성격이요, 남한테 화를 안 내요. 그러니까 포용력이 되게 좋았어요, 예슬이가. 그러니까 친구가 많았던 거 같아, 싫어하는 친구가 없었던 거 같아. 박근혜 욕을 했어요, 박근혜 욕을. 심지어는 집에 와서 열여덟[비속에]까지… 오, 그래서 깜짝 놀랐다니까요. 그래서 "너 그래도 어떻게 아빠 앞에서 우리나라 수장을, 대통령한테 그럴 수 있냐. 아무리 싫어도 그렇지" 이랬는데, 애들이 그렇게 희생이 되어버린 거예요. 뭔가를 알았던 거 같아, 걔들도.

면담자   어떤 이유로 싫어했던 걸까요?

예슬 아빠   정확하게는, 내가 정확하게는 지금 꼬집을 수가 없는데, 하여튼 박근혜가 대통령이 됐기 때문에 우리나라가 되게 힘들어질 거라고, 그런 얘기를 했던 거 같아요. 쟤는 어떻게 알고 저런 얘기를 했을까?

면담자   선견지명이 있는 거네요.

예슬 아빠   에이, 아이들 교육은 교사들이 시키잖아. 교사들 중에서 누가 그런 얘기를 했나 보죠. 정치적인, 그리고 대통령이 여자 대통령이니까, 얘기를 좀 했겠죠. 그 사람의 과거사부터, 얘기를 좀 했겠죠. 그래서 욕을 막 하더라고요. 그런데 우리 예슬이만 그런 게 아니더라고요. 다른 부모들 얘기를 들어보니까 다들 얘기를 했더라고. 〈비공개〉

면담자   캐나다 간담회 준비는 어떻게 하셨어요?

예슬 아빠   아, 나는 도언이 엄마만 믿고 갔어요. 처음부터 난 도언이 엄마만 믿고 간 거야. 그 엄마는 워낙 준비성이 많아요. 나는 별로 준비 안 하잖아요. 제대로 간담회 준비를 안 해서 그냥 얼렁뚱땅한 거 같아요. 그런데 딱 밴쿠버에서 마지막 한 날에, 토론토 간담회에서는 내가 준비를 좀 했어요. 밤을 거의 꼬박 새웠어요, 메모를 좀 하고 책도 좀 보고. 거기에서는 두 군데가 기억에 남고, 나머지는 좀… 너무 피곤했어요. 거기 캐나다에서 일정이 빡빡했어요. 우리가 놀러간 게 아니기 때문에, 마음을 먹고 갔고. 잠을 2, 3시간 잤어요. 시차 적응도 안 됐어, 막 투입이 되어가지고. 도언이 어머니가 많이 고생했죠.

면담자   이동거리가 꽤 길었죠? 들으니까 사이사이 피케팅도 하고, 갑자기 잡힌 간담회들도 많았다던데요.

예슬 아빠   캐나다 간담회에도 사람들 많이 오셨더라고요, 의외로. 그분들이 이런 얘기를 해요, 이민 온 이래로 이민자들이 이렇게 많이 모인 적이 없었대요. 우리가 가서 이민자들을 묶어주는 역할도 한 거야. 그렇게 고맙다는 얘기들을 많이 해요. 지금도 텔레그램으로 소식을 전하고 있거든요? 그런 얘기들을 해요, 그렇게 모인 적이 없다고. 세월호 참사로 인하여 결성이 된 거야. 그것도 누구에 의해서가 아니고, 한 명 한 명이 그 뭐야 페북[페이스북]을 통해 알게 돼서 결성된 거야.

면담자   모임이 있었던 게 아니고요?

예슬 아빠   없었대요, 그런 게 없었대요. 지금도 만날 걸요, 그분들도. 가끔씩 만나서 피케팅도 하고 그러신대요, 주기적으로. 우리 아이들이 많은 사람들을 엮어줬어. 그분들 얘기는 그렇죠, 그분들이 오히려 지금 우리 국민들보다, 국내에서 활동하는 분들보다 더 많이 알고 있어요, 내용들을. 심지어 오동석 목사님, 김경천 목사님 같은 경우에는 워낙 운동권에서 활동하셨던 분들이라 그런지 몰라도 잘 파시더라고 내용들을, 하나도 안 놓쳐. 우리보다 오히려 더 많이 알고 계셔요, 우리가 모르는 내용들도. 그리고 우리들보다 소식도 더 빠르더라구. K 씨가 우리 하는 거 주도했는데, 그래서 K 씨한테 우리가 지금 교민들이 알고 있는 수준이 어느 정도 되느냐고 물어봤거든요. 준비를 좀 해야 될 거 같아서. 그러니까 아버님 걱정 안 하셔도 된다고, 아무 것도 모른다고.

그런데 가보니까 대중적인 거를 말씀하셨던 거고, 아시는 분들은 많이 아시고. 거기 오셨던 분들은 우리 얘기를 듣고 또 오셨던 분들도 많은 거죠. 그래서 난 편하게, 여기서 간담회 하던 것처럼 처음에 있었던 일 그대로 많이 얘기했죠. 그러다 끝나갈 쯤에는, 내가 무슨 얘기를 해줘야 되나 메모를 했어. 전반적으로 돌아가고 있는 상황들, 그때 도보 끝나고 저거 했잖아요, 특별법 개정되고 그럴 때의 시점, 그런 것들 얘기하고 왔죠. 그리고 배·보상받았냐 같은 질문들, 유언비어로 떠돌아다니는 내용들, 그런 것들 물어보시고, 묻지 않으면 우리가 먼저 얘기해 버려요. 그렇게 알고 계시지 않냐, 이런 식으로. 그렇게 했던 거 같아요. 그리고 우리는 사실 그대로를, 마음에 있는 얘기들을 해버리니까 공감대 형성이 더 빨리 된 거 같았어요. 만났던 분들마다 다들 고맙다고, 와주셔서 고맙다고. 사실은 우리가 고마웠거든요. 초청해 주셔서 우리가 고마운 건데, 그분들이 오히려 고맙다고 얘기해 주시고. 그리고 우리 때문에 다시 이민자들이 이렇게 모일 수 있는 계기가 됐다고, 고맙다고, 그런 말씀들을 하시더라고.

고국에 오시는 분들은 꼭 여기 들렀다 가세요. 우리가 간담회 갔을 때 봤던 분들은 무조건 여기를 오셔요. 한국에 오면 분향소를 들러요, 들렀다 가시더라고. 우리가 그랬어요, 한번 와보시라고. 그러면 생각이 또 달라지신다고. 또 윈저에서 간담회할 때, 뜻하지 않게 언론사와 접촉이 됐어요. 큰 도시 밴쿠버나 토론토에서는 언론사들이 하나도 안 왔었거든요. 그런데 윈저에서 CBS인가, 하여튼 거기 지방 방송사가 되게 큰데 인터넷 채널은 아니야, 그 방송 덕분에 또 많이 알려졌죠. 거기선 우리가 국내에서 못한 정부 얘기들도 좀 했죠. 그게 고대로 나가더라고. 고대로 편집 안 하고 나가서 우리 교민들은 너무 좋아하는 거지. 그때 난리 났었어요. 거기 시청률이 되게 높았다고 그러더라고요. 지금 우리나라 JTBC보다 더 높았다고, 우리 교민들이 거의 다 봤다고 그러더라고. 그거 끝나고 토론토로 가는데 난리가 나더라고, 봤다고. 잘한 거 한 개도 없는데.

면담자   정부에 대해 하지 못했던 얘기라면?

예슬 아빠   언론을 탄압해서… "우리나라 정부에서는, 또 우리 언론에서는 제대로 내보내 주질 않는다, 캐나다 언론을 통해서라도 역으로 들어가게 했으면 좋겠다", 그런 내용들을 얘기했죠. 우리 여기 왜 왔냐, 진실을 밝히기 위해서, 알리기 위해서 왔다, 무엇을 알리려고 하느냐 그런 내용들이었어요. 길게는 안 했어요, 1시간 정도? 도언 엄마하고 나하고. 그리고 밴쿠버 쪽에 가니까 우리나라 여기 언론사들 있어요, 조선일보니. 방송사는 아니고. 걔네들도 오더라고. 그런데 거기도 역시 보수와 진보가 나눠져 있더라고요. 안 나가요, 나가도 짤막짤막하게만 나가더라고. 자기들은 아니라고 얘기하는데 눈치를 본대요, 본국의 눈치를 볼 수밖에 없대요.

9

KBS 항의 방문

예슬 아빠　　내가 지난번에 얘기했죠. YTV인가?

면담자　　YTN이요?

예슬 아빠　　네, YTN에서 내 제보를 안 받았다는 거. 그게 나중에 나왔던 사실이 뭐냐면, 지금 확실히 언론이 탄압받고 있다는 건 아시잖아요? 그때 어느 YTN 기자가 얘기를 했는데 40퍼센트인가 50퍼센트인가밖에 안 된대요. 50, 60퍼센트가 제재를 당한다고 그러더라고.

면담자　　쓴 기사의 40, 50퍼센트만 나간다는?

예슬 아빠　　40퍼센트밖에 못 나간다고 그러더라고. 그러니까 다 왜곡될 수밖에 없는 거야. 제대로 된 기사가 나갈 수가 없는 거라고. 우리나라 언론, 지금 KBS, MBC, SBS 다. 발로 뛰는 기자들은 다 취재를 해도, 다 커트시켜 버리는데 어떻게 돼. 그러니까 못 나가는 거지, 기자들이 나쁜 게 아니야. 그 위의 대가리들이 나쁜 놈들이지. 똥만 든 놈들이지, 국장이라든가 사장이라든가. 심지어 우리가 KBS 갔을 때, 갔다 오고 그때 우리가 밤에 청와대로 왔잖아요. 밤새기를 하면서, 애들 영정사진을 들고. 그 후로 KBS 기자 애들이 양심선언했잖아요, 기자들이. 그러니까 기자들이 나쁜 게 아니라니까, 대가리들이 나쁜 거지. 우리가 손석희를 좋아하는 이유가 뭐겠습니까? 손석희는 눈치를 안 보잖아요, 자기 소신껏 방송을 하잖아요. JTBC 보도국은 세월호 문제뿐만 아니라 다른 문제도 마찬가지로 한 면만 보여주지 않잖아요. 이게 왜 이렇게 발생이 됐는지까지 다 보여주잖아요, 앞뒤로 다. 그래서 나는 JTBC가 좋아, 보도국이. 그래서 다른 걸 안 보지. 다른 보도국에서는 한 면만 보여주는데, JTBC는 한 면만 보여주지 않으니까. JTBC가 꼭 세월호 문제를 많이 파헤쳐서 그런 게 아니고, 쭉 보면 그런 거 같아. 왜 사건이 이렇게 되어왔으며, 의문점이 있으면 파고들어 가고, '파파이스'처럼.

면담자   KBS 가실 때 영정사진 가지고 가셨잖아요. 쉬운 결정이 아니셨죠?

예슬 아빠   (한숨) 쉽지 않았죠. 그때 우리 부모들도 100퍼센트 찬성은 아니었어요. 어떻게 또 애들 영정사진을 드냐, 그런 얘기들도 있었고. 한편으로는 유골이라도 가지고 가자는 얘기도 있었어요. 근데 그건 너무 위험하잖아요, 깨지면 어떡해. 그래서 영정사진을 들고 간 거죠. 근데 뭐, 영정사진을 들고 가면 뭐합니까. 그래도 그때 영정사진을 들고 가서 KBS 사장을 몰아내고 그랬던 거 아닌가요?(웃음) 웃기잖아요. 그때만 해도 언론탄압 안 됐다고 그랬어요. 우리가 KBS 앞에 가서 나오라고, 맨 처음에 우리가 사장을 나오라고 했던 게 아니죠. 국장이었죠, 김시곤인가, 그분이었죠. 그분이 그때 어떠한 발언 때문에. 김시곤 그 사람도, 결국 그분도 사장을 또 깠잖아요. 그리고 사장이 왜 우리 앞에 와서 사과를 했는지 아세요? 더 이상 빠져나갈 데가 없어서. 그 자리에 대통령이 나왔어야 됐는데 [대신] 나온 거예요. 대통령이 나올 수는 없잖아요. 안 나올 거 아니에요. 그래서 KBS 사장을 내보낸 거예요.

면담자   그때 요구안은 뭐였어요?

예슬 아빠   그게 잊어버렸어… 스크랩을 해놨어야 했는데.

면담자   예. 나중에 찾아볼게요. 제대로 사과를 받지 못하고 바로 청와대로 가셨나요? 이후 어떻게 되었어요?

예슬 아빠   내려왔죠. 그때 KBS 사장이 청와대 앞에서 내려와서 유가족들한테 사과를 하고 우리는 철수를 한 거죠. 협상이 들어가잖아요, 협상. 어디까지 인정할 것이냐. 우리는 대통령이 [나오라고] 그랬잖아요. 대통령이 [나올 수는] 없으니 사장을 정부, 아니 청와대에서 불러서 나온 거야, 개가. 그 사람이 지 발로 나왔겠습니까? 청와대에서 불러서 나온 거예요, 개새끼들. 아니 그렇게 나갈 거 같았으면 KBS 갔을 때 사과를 했었어야지, 본인 마음이라면. 근데 전혀 그런 게 없었잖아요. 오죽하면 우리가 다시 청와대로 갔겠습니까. 청와대 가니까, 도저히 박근혜가 안 나오면 안 되겠으니까 KBS 사장을 내보낸 거죠. 거기서 무마시킨 거죠. 그리고 일단 철수한 거죠, 사과를 받고. 거기까지 우리가 나름 성공한 거죠, 나름대로 그랬던 거예요. 자세한 내용은 찾아보세요, 기사를(웃음). 나도 봐야지 알지, 상황을 뭐.

10
재판에 대한 소회

면담자　　　　　혹시 광주법원에 방청 가보셨어요?

예슬 아빠　　　광주를 솔직히 몇 번 못 갔어요, 두 번인가. 이준석 [선장] 2차 때 가봤나? 그리고 해경 김경일 [정장] 때 가보고. 두 번밖에 못 가봤어요, 시간이 안 맞아가지고. 열받아요, 열받아. 법원에 가면 열받아요. 김경일 재판 때 어떤 일이 있었냐면(한숨) 판사가요, 방송을 왜 안 했냐만 가지고 오전 내내 끄는 거야. 속 뒤집어진다니까요. 우리가 보기에는 당연히 안 한 게 잘못된 거잖아요. 그런데 그걸 가지고 연장을 해서 계속 재판을 끌어, 판사가. 속이 터져서 못 있겠더라고요, 답답하더라구. 기억나는 건 그거예요.

"방송을 왜 안 했냐, 할 수 있는 상황이냐 아니냐" 막 그런 내용들. 재판에서 그런다니까요? 판사가 그거 가지고 논하는 거야. 검사들하고 이쪽 애들하고…. 그래서 판사들도 뭘라고[뭐 할라고] 했겠어요? 너무 피하려고만 하는 것인지, 덮으려고 하는 것인지. 그런데 중요한 거는 뭐냐면, 123정장 김경일 재판 마지막 결론도 침몰의 원인에 대해서는 안 나왔죠. 결론이 어떻게 났냐면 세월호를 인양해 봐야만 된다고 나와 있어요, 재판 결과가. 하여튼 그렇게 결론이 났어요. 우리가 아는 과적의 원인, 급선회, 포박[고박] 상태, 이런 것들을 알고 있잖아요. 그런데 급선회는 왜 하게 되었으며, 침몰은 왜 하게 되었는지의 원인은 안 나왔다고요. 그 원인은 세월호를 인양해 봐야 된다고 나와 있어요, 인양해서 조사해 봐야 된다고. 그런데 그런 내용이 나온 거 있습니까, 언론상에? 왜 그런 내용은 안 내보내? 법정에서 그렇게 나왔던 것들은. 판사가 그렇게 했어요. 마지막 결론이 기억이 나. "그래서 세월호를 인양을 해야 된다". 근데 왜 안 하는 거야? 가서 조사를 하게끔 해주십시오.

면담자　　　증거 보존을 위해서요?

예슬 아빠　　했다고도 했어요. 했으면서 허락을 안 한다는 얘기도 있어요. 골 때리는 거지, 도대체 이 정부는 뭐가 뭔지를 몰라. 증거 보존 신청도 했던 거 같고, 그게 전문용어라 내가 이해를 못하는 것도 있고, 하여튼 그랬어요. 필요하면 해야 되는 거 아니에요, 근데 왜 안 하는 거야. 그래서 "너들이 못 하면 우리가 직접 가서 하겠다. 가족들이 직접 들어가서 수중촬영을 하겠다" 그것도 못 하게 하잖아요, 해수부에서. 지금 인양 작업 하는 거, 우리가 가서 같이 보겠다 [해도] 1마일 안에는 들어오지도 못하게 하고. 그거 왜 일까요, 숨기려고 하는 거 아닐까? 뭔가 은폐하기 위해서, 우리가 봐서는 안 되는 것들이 있기 때문에, 그러면서 무슨 진실을 밝힌다고 그래요? 그건 진실을 밝히는 게 아니지. '뭔가 자기가 빠져나갈 구멍만 찾고 있는 게 아닌가? 아니면 진짜 세월호에 구멍이 뻥 뚫린 것을 땜질하고 있는 것은 아닌가? 선체 인양을 위한 작업이 아니라 그러한 증거 인멸을 위한 작업들을 하고 있는 것이 아닌가?' 하는 그런 생각들이 드는 거죠, 솔직한 마음은. 우리가 보질 못했으니까, 그게 아니면 보여줘야지. 그런데 어제 특조위에서 결정 난 사항이 있대요. 특조위에서 수중촬영을 하겠다, 결론 났다고 어제 들었어. 그나마 다행이라고 그랬던 거 같아요.

면담자   뉴스로 이준석 선장 판결 들었을 때 어떠셨어요?

예슬 아빠   광화문에 있었는데, 인터넷에 떴더라고요. 결론만 확인을 했죠. 당연한 걸 가지고. 이준석이뿐만이 아니고, 세월호 선원들 역시도 너무 형량이 작잖아요. 물론 어떻게 보면 억울할 수도 있겠죠. 금방 입사한 사람들. 정말 그 사람들이 진실이라면, 그 사람들이 순수한 선원이었다면 억울하겠죠. 하루 만에, 취업한 지

하루 만에 사건이 터져 침몰이 됐으니까 얼마나 억울하겠어요, 그 사람이. 그런데 그 사람이 정말 순수한 선원이 아니었다면, 아니라고 가정했을 때는 억울한 게 아니겠죠. 그건 어떻게 밝혀야 돼? 밝혀달라 이거야. 우리가 말한 국정원 직원이 아니라는 확실한 증거, 지금 '파파이스'에서 까고 있는 내용들을 다 번복을 해주라는 얘기야.

면담자　　국정원 직원이라고 의심되는 부분들이 있는 거죠?

예슬 아빠　　몇몇 있잖아요, 오렌지색 점퍼를 입고 있던 사람. 하여튼 또 몇 명 있어요. 또 이름까진 기억이 안 나는데, CCTV 화면에 찍혔을 당시 기관실에서 청테이프를 감고 있던 그분도 그렇고. 그렇다면 정확하게 밝혀줘야지. 2등 항해사, 걔도 의심스럽더만. 근데 전혀 밝혀진 게 없잖아요. 그러니까 지금 선원들도 다 은폐하고 있는 거야. 양심선언을 하길 바랐는데, 안 하고 있잖아요. 그리고 지금 걔가 하루 만에 나왔잖아요, 집행유예로. 아니 두 명인가 보석으로 나왔잖아요, 지난번에. 근데 한 가지 형사사건으로 재판으로 인하여 판결난 것은 두 번 다시 할 수가 없다고 그러더라고요, 재판이 끝난 상태에서는. 재판이 진행 중인 상태에서는 다른 증거물이 나오면 첨부가 될 수 있고. 그런 얘기를 했어요. 끝나기 전에 빨리 증거라도 나와야 되는데. 특조위에서 지금 우리가 조사 신청을 받고 있잖아요, 나는 아무 신청도 하지 않았는데. 그것도 제대로 되려나 모르겠어요. 뭔 애기하다가 옆으로 또….

11
진상 규명의 의미, 앞으로 삶의 목표

면담자　　아버님, 진실이 밝혀져야 된다고 하셨는데, 진상 규명 혹은 진실이 아버님께 어떤 의미인지 말씀해 주세요.

예슬 아빠　　진상 규명이 되어야지 우리… 내 아이만 생각할게요. 난 내 아이의 억울한 죽음을, 부모로서 그거를 벗겨 내줘야 된다고 생각을 해요, 당연히. 내 개인적인 생각, 내 객관적인 생각으로는 그런 거죠. 부모로써 끝까지 지켜주지도 못했는데, 그것도 밝혀주지 못한다면 부모로서 너무 도리가 아니라고 생각해요. 그다음에 난 치유라고 생각해요. 진상 규명이 된 다음에, 아이한테 그런 허물을 벗고 난 다음에, 내가 치유가 필요한 것이지. 그것도 안 됐는데 치유가 되겠어요? 아무래도 안 된다고 생각해요. 그게 제일 크죠. 그러니까 이거예요, 정말 사고였다면 걔 운명이었다고 받아들일 수가 있잖아요. 근데 그게 사고가 아니었다, 만약에 조작된 거였다고 그러면 걔네들, 우리 딸 역시 얼마나 억울하겠어요? 그런 거죠. 그러니까 난 부모로서 그걸 밝혀줘야죠. 밝혀내야 나중에 내 딸내미한테 떳떳할 수가 있겠죠. 그렇지 못하면 사는 게 사는 거겠어요? 그런 거 같아요, 그게 도리라고 생각해요. 자식한테 해줄 수 있는 부모로서의 도리.

면담자   앞으로 살아가면서 추구하고 싶은, 아니면 이루고 싶은 목표는 뭐예요?

예슬 아빠   이루고 싶은 거요? 나는 지금 무엇보다… 다 상관없어요, 일단은 세월호의 허물이 벗겨져야 돼요. 그게 최우선이라고 생각해요, 허물이 벗겨져야지. 내가 어떻게 살겠다는 것은 이젠 나도 사회운동을, 사회활동을 해야 될 거 같아. 쉽게 말해서 지금까지는 나의 삶을 내 생존을 위해서 살았다면, 이제는 시민들과 같이, 내 옆의 주민들과 같이 사는 세상에 살고 싶은 거지. 예전에는 모른 척해 왔던 것들도 그냥 지나가고 싶지 않은 거죠. 아픔이 있으면 같이 나누고 싶은 것이고, 내가 받았듯이 나도 해줘야 된다고 생각해요. 이제는 비겁하게 예전처럼 숨고 싶지 않아요. "같이 행동합시다" 얘기해 놓고 우리 세월호 참사가 다 벗겨졌다고 해서 내가 숨어버리면 정말 나쁜 놈이잖아요. 자기 필요할 때만 같이 하자 해놓고 자기 거 다 끝났다고 쏙 숨어버리면 이건 인간의 도리가 아니잖아요. 내가 아는 인간의 도리가 아니지. 더불어 사는 세상, 더불어 가야지.

면담자   인간의 도리, 부모의 도리…. 도리라는 게 뭘까요?

예슬 아빠   모르겠어요. 그렇게 지금까지 살아왔고, 내 부모한테 그렇게 배웠기 때문인 거 같아요. 나는 그게 당연하다 생각하는 것이고. 내 생각이 잘못됐나요?

면담자   아니요. 그런 말씀을 많이 하셔서….

예슬 아빠   그러니까 혼자 살기보다는 더불어 사는 세상이고, 더불어 그렇게 해야 된다고 생각하는 거 같아요. 나 혼자 살려면 저 산속에 혼자 살지. 그렇지 못하다면 같이 가야지, 같이 살아야지. 나는 밑천도 없이 얘기하는 거 같은데.

면담자   아니에요. 하나 더 여쭤보면 요즘 동생 ○○이랑 따로 언니에 대해 얘기하시나요?

예슬 아빠   특별하게 꼭 꼬집어서 먼저 꺼내진 않아요. 나오다 보면 허심탄회하게 얘기를 해요. 그런데 안 하게 돼요. 대신 서로가 그리워하는 마음이 있다는 건 알고 있잖아요. 지금도 역시 ○○이는 엄마 아빠 앞에서는 언니에 대한 그리움을 숨기는 것 같아요. 나 역시도 같이 있는 데에서는 얘기를 또 안 하게 돼, 자꾸 쌀쌀 해야 되는 건데 안 하게 돼. 그렇다고 잊는 것은 아닌데 그냥 안 꺼내게 되더라고.

면담자   사진 보니까 예슬이가 동생과 정말 많이 닮았더라고요.

예슬 아빠   이 자식이 점점 제 언니를 따라가요, 얼굴형도 그렇고. ○○이 동태는 팬북[페북]을 통해서 알아요. 지가 맨날 언니한테 팬북을 해요.

면담자   페이스북?

예슬 아빠   제 언니한테 글을 보낸대요, 받아보지도 못하는 거를. 나는 그거를 보고 짐작을 했지. 아, 애가 계속 이렇구나….

면담자   아, 페이스북에?

예슬 아빠   예, 페북에서.

면담자   계속 언니한테 글을 쓰는구나….

예슬 아빠   예, 언니한테 글을 남기더라고요. "언니 나 오늘 이러이러했는데, 그래서 언니가 많이 생각났어. 나도 모르게 언니한테 전화할 뻔했어" 막 이렇게. 그러니까 지 마음에 있는 표현을 거기다 전달하더라고. 그걸 보고 걔 마음을 읽는 거죠. '아 이 녀석 힘드네?' 그런데 늦게 봐. 그때그때 봐야 내가 애한테 대응을 해줄 수 있는데 늦게 늦게 보니까 대응이 안 되더라고. 한꺼번에 막 밀렸던 거 다 보고.

면담자   그래도 표현을 하는 건 좋은 거잖아요?

예슬 아빠   좋은 거죠, 지 혼자 담고 있는 것보다 좋은 거죠. 어떠한 방법이더라도 표현하는 게 좋은 거죠.

면담자　　　　지난 1년 넘게 너무 애를 쓰셔서 아버님 몸도 많이 안 좋아지셨을 거 같은데, 가족들 건강은 어떠세요?

예슬 아빠　　　나는 워낙 건강한 체질이라 겉으로 보기는 멀쩡합니다. 아직은 버틸 만하고요. 예슬 엄마도, 애들 엄마도 겉으로는 멀쩡해요. 겉으로는 멀쩡한 거 같은데, 애들 엄마가 얼마 전에 이런 얘기를 하더라고. "내가 만약 너무 아파서 병원에 있다고 해도, 절대로 수술하지 않을 것이다. 어떠한 경우가 와도 수술하지 않을 것이다". 그냥 놔두라는 거야. 그런 얘기를 하더라고, 수술하려고 하지 말라고. 그냥 맞이하겠다는 거죠. 죽을 수밖에 없는 그런 병이 오더라도 치료하지 않겠다는 거야. 무서워요, 우리 부모들 마음이. 우리 애 엄마 마음만 그런 게 아닌 거 같아. 이런 얘기들을 합니다, 우리 부모들은, 먼저 간 분들이 있어요. 지금 우리 아빠들 중 두 분이 지병 때문에 먼저 가셨어요. 한편으로 그분들을 부러워하는 분들이 있어요, 빨리 가서 좋겠다고. 빨리 가서 만날 수 있어서 좋겠다고 얘기들을 하는 부모들이 있어요.

　무슨 뜻인지 아시겠죠? 그건 알아서 생각해 주시고. 나는 부럽지는 않아. 아직은 억울해서 못 가겠어. 아직은 억울해 못 가겠고, 내 속은 많이 썩었겠죠. 술도 많이 먹었는데, 정상이라면… 정상이라면 그게 정상이 아니지. 그래도 병원 가고 싶지 않아요. 진짜 도저히 못 움직이는 그런 거 아니면 병원 가고 싶은 마음도 없고. 정신력이죠, 정신력으로 버틴 거죠. 그리고 해결을, 이것을 밝혀낸 그다음에 갈 때 가더라도 지금은 못 가죠. 억울해서, 지금은 억울해서 못 가죠. 너무 분하잖아요. 못 가요, 갈 수가 없어요. 그래서 건강을 지켜야 돼(웃음). 이상한 얘기까지 다 해버렸네.

면담자   아닙니다. 지나간 얘기 많이 해주셔서 감사합니다. 오늘 이것으로 구술을 마치도록 하겠습니다.

4·16구술증언록 단원고 2학년 3반 제4권

그날을 말하다 예슬 아빠 박종범

ⓒ 4·16기억저장소, 2019

기획 편집 4·16기억저장소 ┆ **지원 협조** (사)4·16세월호참사가족협의회
펴낸이 김종수 ┆ **펴낸곳** 한울엠플러스(주)
초판 1쇄 인쇄 2019년 4월 1일 ┆ **초판 1쇄 발행** 2019년 4월 16일
주소 10881 경기도 파주시 광인사길 153 한울시소빌딩 3층
전화 031-955-0655 ┆ **팩스** 031-955-0656 ┆ **홈페이지** www.hanulmplus.kr
등록번호 제406-2015-000143호

Printed in Korea.
ISBN 978-89-460-6716-5 04300
        978-89-460-6700-4 (세트)
* 책값은 겉표지에 표시되어 있습니다.